에밀 쿠에
자기암시

"나는 모든 면에서 날마다 점점 더 나아지고 있다."
"Day by day, in every way, I am getting better and better."

에밀 쿠에

자기암시

긍정적인 자기암시가
우리 몸과 마음을
어떻게 변화시키는가

에밀 쿠에 지음 | 윤지영 옮김

나 는 모 든 면 에 서 날 마 다 점 점 더 나 아 지 고 있 다

연암사

이 책을 읽는 분들에게

"바닥에 폭이 30cm, 길이가 10m인 널빤지를 놓는다고 가정해보자. 누구든 널빤지의 한쪽 끝에서 다른 쪽 끝까지 무리 없이 걸어갈 수 있을 것이다. 이번엔 조건을 바꿔서 널빤지가 대성당의 탑만큼 높은 곳에 걸려 있다고 상상해보자. 과연 누가 이 좁은 다리 위를 걸어갈 수 있을까? 아마 아무도 못할 것이다. 두 걸음도 내딛기 전에 다리가 후들거려서 아무리 용기를 낸다 해도 결국 바닥으로 떨어질 것이다. 왜 널빤지가 바닥에 놓여 있으면 떨어지지 않고, 높은 곳에 걸려 있으면 떨어지는가?"

이 질문을 시작으로 에밀 쿠에는 우리에게 놀라운 마음의 이야기를 들려줍니다. 의지와 상상, 의식과 무의식, 암시와 자기암시에 관한 이야기들입니다. 일상에서 우리 의지는 상상과 무의식에 무참히 패배합니다. 상상은 의지보다 힘이 세고 무의식은 의식보다 강하기 때문입니다. 에밀 쿠에는 자기암시를 통해 상상과 무의식의 마음을 다루는 법을 가장 쉽고 단순한 방법으로 알려줍니다. 방법은 간단하지만 효과는 탁월해서 믿기 어려울 정도입니다.

에밀 쿠에가 남긴 저서 두 권의 내용을 더하거나 빼지 않고 이 책에 모두 담았습니다. 다만 내용의 순서는 독자의 편의를 위해 바꾸었습니다.

"나는 모든 면에서 날마다 점점 더 나아지고 있다."
"Day by day, in every way, I am getting better and better."

150년 전 프랑스 약사 에밀 쿠에가 남겨준 마음 처방전은 우리에게 큰 위로와 통찰을 줍니다. 단순하지만 놀라운 쿠에이즘의 세계로 독자 여러분을 초대합니다.

서문

　작고 단단한 체구에서 차분함과 강인함이 감돈다. 앞이마는 훤칠하고 숱이 적은 백발은 곱게 뒤로 빗어 넘겼다. 짧게 기른 수염도 인상적이다. 백발과 흰 수염이 돋보이는 그가 껄껄 웃으면 왠지 모르게 장난기가 풍겨진다.

　말할 때는 얼굴에 온화한 미소가 가득 번지며, 볼이 불그스름하게 상기된다. 앞을 주시하는 눈에서는 삶을 사랑하는 따스한 빛이 보인다. 표정에서는 쾌활함과 친절함이 물씬 풍긴다. 그는 자그마한 두 눈으로 무언가를 찾으며 시선을 고정시킨다. 눈가에는 장난스럽게 주름이 잡힌다. 그러다가 반쯤 눈을 감고 이마에 힘을 주어 집중하는 모습에서 고상함이 드러난다.

　그의 강연 내용은 단순하고 생동감이 넘치며 사람들에게 용기를 심어준다. 그는 주로 일상생활에서 접하는 비유나 일화를 인용한다. 허세를 부릴 줄 모르는 강직한 외모는 어려운 사람이 곁에 있으면 곧

바로 손을 내밀어 도울 준비가 된 듯하다.

이것이 에밀 쿠에를 만나본 사람들이 느낀 첫인상이다. 수많은 사람들이 그를 보기 위해 몰려들었다. 하늘 아래 그만큼 누군가에게 가까이 느껴진 사람도, 실제로 다른 사람들이 다가온 경우도 없었을 것이다.

에밀 쿠에는 특히 영국과 미국에서 자수성가한 사람으로 알려져 있다. 그는 어려운 환경에서 태어났다는 사실을 부인하지 않았으며, 일반 대중들을 마치 자신인양 마음으로 사랑했다.

쿠에는 1857년 2월 26일에 트로와에서 태어났다. 작가 빅토르 위고와 생일이 같다. 그는 평온한 서민 가정에서 자랐으며, 아버지는 철도원이었다.

쿠에는 재능이 뛰어났다. 어렸을 때부터 과학에 뜻을 품고 있던 그는 과학을 전공하기 위해 혼자 진학을 준비했다. 이는 그의 인내심을 나타내는 증거라 할 수 있다. 그는 첫 시험에 불합격했으나 낙담하지 않고 재시도하여 다음 해에 합격했고, 몽메디로 학교를 다녔다. 철도원인 아버지는 아들을 기차에 태워 등교시켰다.

여기서 쿠에의 학창 시절을 한번 상상해보자. 그는 프랑스의 평범하고 작은 시골 마을 사이를 오갔을 것이다. 이것은 남프랑스의 철도원들이 살아가는 전형적인 생활 모습이라 할 수 있다. 그들은 겸손하고 친절하다. 특별한 꿈도 야망도 없는, 단지 생계를 위해 몸을 부지런히 움직이는 노동자들이다. 그러나 정직하고 양심적이며 착한 서민들이다. 이러한 생활 모습을 보고 자란 쿠에는 세계적으로 명성을 날리고 존경을 받게 된 후에도 서민의 겸손함과 소박한 미덕이 넘치는 품성을 한결같이 지니고 있었다.

학창 시절 쿠에는 화학을 공부해야겠다고 결심했다. 하지만 학업에만 전념하기에는 가정 형편이 여의치 않았다. 아버지는 아들에게 생계비를 벌어야 한다고 일렀다. 과학적 소명감과 물질적 욕구 사이에서의 갈등은 예상치 못한 타협으로 이어졌다. 아버지의 설득에 따라 약학을 택한 것이다. 하지만 약학은 공리적이며 실용적인 화학 분야였기 때문에 순수 화학을 연구하고 싶었던 쿠에는 만족할 수 없었다. 여기서 그는 방어기제인 '전이' 혹은 '보상'을 이용하게 된다.

아버지의 뜻에 따라 트로와 약국의 제약소에서 일하는 젊은 쿠에를 머릿속으로 그려보자. 순수 화학자가 되기에는 전공 교재나 실험 재료를 비롯한 모든 것이 턱없이 부족했기에 그는 약사로 머무를 수밖에 없었다. 따라서 자연스레 비싼 장비가 필요 없는 또 다른 화학 분야로 눈을 돌리게 되었다. 그것은 마음먹기에 따라 누구나 지닐 수 있는 실험실인 '사고와 행동을 통한 화학'이었다.

쿠에는 현실에서 이루지 못한 '억압된 화학'을 심리학자로서 표현하고자 했다. 이것은 쿠에 심리학의 특징적 측면을 이해하는 데 기억

할 만한 점이다. 그는 물질이나 대상이 병렬, 대립, 계층화되는 것처럼, 정신 상태를 물질이나 원자의 방식으로 표현했다.

그가 말하는 '의식', '상상', '의지력' 등은 개별 요소로서 결합하고 반응한다. 그것은 당대 심리학적 사조인 제임스와 베르그송 (윌리엄 제임스 : 미국의 심리학자이며 철학자이자 소설가. 『심리학 원리』와 『프래그머티즘』 등의 작품을 남김. 앙리 베르그송 : 프랑스의 철학자. 과정철학이라 부르는 철학 사조를 최초로 정교하게 발전시킴)의 연속성의 개념과는 성질이 다르다. 그의 심리학은 이론적인 관점에서 봤을 때 매우 단순했기 때문에 지식인들이 무시하기 일쑤였다.

하지만 쿠에는 굴복하지 않았다. 그는 외과 이론을 경멸했다. 당대 지식인들처럼 사소한 문제로 논쟁하는 일 따위는 그에게 맞지 않았다. 그의 서민적 품성과 행동은 지성에만 편중되지 않았기 때문이다. 그가 화학에 끌린 이유는 그것이 실제적으로 다루고 취급할 수 있는 과학이라는 사실 때문이었다.

여기서 앵그르의 바이올린(프랑스의 화가 오귀스트 앵그르가 여가 시간에 주로 바이올린을 켰다는 점에서 유래된 '가장 즐기는 여가 활동'이란 의미)을 생각해보자. 쿠에는 여가 시간을 이용해 몇 개의 두상 모형을 조각했다. 조각품은 손으로 직접 만지고 다루어야 한다. 정신적 문제를 다루는 방법도 진흙으로 살을 붙여가며 조각품을 빚는 것과 같다고 할 수 있다.

그는 인간의 몸을 조형할 수 있는 기술을 터득했다. 쿠에의 '앵그르의 바이올린', 즉 취미 활동 역시 그의 경향을 벗어나지 않았다. 엄밀히 말하면 그의 심리학은 사고 형성적이며, 매우 독창적이다.

베르그송은 이렇게 말했다.

"마음이 연속적이고 유동적이라 가정해보자. 마음은 각각의 대상들에 작용하고자 할 때마다 그 대상의 견고함과 불연속성을 채택하며, 마음 그 자체가 공간과 대상인 것처럼 된다."

실용 심리학의 핵심은 단순화되는 것이 당연하다. 쿠에의 훌륭한 전임자인 베른하임은 논쟁거리가 될 수 있는 '생각'과 '암시'에 대한 개념에 정의를 내렸다. 암시는 행동으로 바뀌는 생각이라는 것이다. 쿠에는 이런 측면에 더욱 주목했다. 한계점은 보다 역동적인 행동을 위해 생각을 강요한다는 것인데, 이를 유감이라 여기면 안 될 것이다.

트로와의 작은 약국에서 일하던 쿠에는 1885년, 스물여덟 살이 되던 해에 처음으로 리에보를 만난다. 그것은 그의 일생을 결정할 정도로 의미 있는 만남이었다.

두 사람은 놀랄 정도로 마음이 통했다. 시골 마을 의사인 리에보는 겸손하고 허세를 부릴 줄 모르는 사람이었으며 천재적인 소양이 있었다. 리에보는 쿠에에게 최초로 암시의 개념을 구체적으로 설명해주었고, 기적과도 같은 일을 행했다.

마침내 리에보는 낭시에 진료소를 열었고, 쿠에는 베른하임과 여러 이론가들을 만나게 된다. 이들을 통해 그의 사상은 전 세계로 널리 퍼지게 되었다. 이제 에밀 쿠에의 명성도 이와 비슷해질 운명이었다. 그는 품행이 겸손했기 때문에 사람들을 찾으러 가지 않았는데도 그들이 먼저 찾아왔다.

처음에는 이웃들이 찾아오기 시작하더니, 나중에는 영국에서 해협을 건너 낭시에 있는 쿠에를 만나려고 찾아오는 사람들이 생겨났다. 착하고 정직하며 순박한 천성의 소유자였던 그는 이러한 사실에 놀라지 않을 수 없었다. 후에 그의 사상이 전 유럽에 전파된 것은 더욱 놀라운 일이었을 것이다.

리에보의 실험 조교로 실습을 마친 쿠에는 본격적으로 최면 암시를 연구하여 실행에 옮기기 시작했고, 그 효과를 알아차렸다. 그러나 리에보의 방식이 애매해서 실험은 순조롭지 못했다. 그의 말을 빌리자면 '방법의 부족'이라 할 수 있을 것이다.

쿠에는 근본적으로 '만지고 다루는' 실험을 해야 한다는 긍정적이고 구체적인 가치관이 있었기 때문에, 난해하고 가변적인 현실을 대할 때마다 마음이 편치 못했다. 실험적이며 실질적인 방법을 꾀하는 동안 그는 관찰의 재능을 발휘했다. 관찰은 최우선 순서다. 만약 당신이 어느 날 사전 연습 없이도 자신의 두상을 관찰하고 조형하는 재능이 있다는 사실을 발견한다면 그것이 얼마나 좋은지 알 수 있을 것이다.

그는 매일 일상적인 관찰을 통하여 새롭고 함축적인 원리를 발견했다. 이 점은 우리에게 다음과 같은 교훈을 준다. 일상에서 관찰을 통해 얻는 과학의 토대와 그것에 대한 재능과 능력은 평가절하되어서는 안 된다는 것이다. 다른 과정도 첨가되어야겠지만 관찰을 대체해서는 안 된다.

학교에서 배우는 과학 훈련은 우리가 생각하는 것 이상으로 학문적이다. 그것은 사고하는 방법을 가르치는 대신 관찰하는 법을 잊어버리게 한다. 인간의 실용적 측면을 배제하고 지적 측면만을 개발하는 훈련은 관찰의 재능을 위태롭게 할 수 있다. 그래서 루소 이래로 '새로운 학교'의 교사들은 손수 작업하는 활동과 관찰 사이의 연결과 결속을 인식해왔다. 관찰은 지식의 중요한 기초가 되기 때문이다.

우리는 시련이 닥쳐와도 이를 감사히 여겨야 한다. 삶에서 부딪히는 시련을 통해 많은 것을 배울 수 있기 때문이다. 쿠에의 상황 역시 마찬가지였다.

그는 한창 왕성하고 즐겁게 연구를 하던 도중에 중단할 수밖에 없었다. 하지만 그런 상황 속에서도 대학에서 배우는 것보다 훨씬 더 많은 것을 터득할 수 있었다. 그의 과학은 삶의 정수로 들어갔다. 원기를 북돋는 자연적인 욕구를 온몸으로 느끼는 일은 메마른 지식만을 뽐내는 사람들로서는 느낄 수 없는 기쁨이었다.

쿠에는 인간미 넘치는 다정한 눈으로 관찰을 이어갔고, 힘든 상황을 잘 견디면서 무한한 관찰의 기회를 포착했다. 의술의 가변적인 작용과 약 처방 후 환자에게 들려주는 말의 효과(플라세보 효과), 무해한 합성물로 치료하는 난치병 등 이 모든 방법들은 위대한 관찰자인 쿠에에게 의미를 주었다. 이러한 관찰들은 어린 시절부터 그의 마음에 새겨졌고, 후에 그가 무의식 속에서 '자기암시' 논문을 역작하는 토대가 되었다.

한편 낭시 학교의 사상은 널리 퍼졌다. 당시 시장성 원리가 개발되고 성행하던 미국에서도 많은 인기를 끌었다. 그러나 봇물처럼 쏟아지는 흥미롭지 않은 많은 논문들 속에서 쿠에는 무엇인가 찾아내야 한다고 생각했다. 그의 장점 중 하나는 사소한 것 속에서 강하고 핵심적인 원리를 끌어내는 것이었다.

이해하기 힘들다는 비판을 받은 미국의 어느 소논문에서도 그는 끈기를 가지고 시도해 온 핵심적인 실험의 징후를 발견했다. 이로써 리에보와 만난 이후 알고자 했던 '방법'의 기초를 파악했다고 믿게 됐다. 이때가 1901년이었다. 그는 처음 연구해 온 요법을 적용할 때 피시술자에게 최면을 걸었고 단계적인 실험을 통해 깨어나는 단계에서 암시를 시행했다. 당시 쿠에는 최면술을 쓰고 있었다.

이러한 개념들은 실험과 수년 동안의 일상생활에서 얻은 관찰의 결과였다. 예상치 못했거나 변덕스런 치료 결과는 환자의 '상상' 때문이라고 설명할 수 있었다. 같은 식으로, 상상으로 인해 단계적 암시법 실험에서도 기이한 암시와 최면이 걸렸다. 암시나 최면에 걸릴 때 피시술자가 저항하지 못하는 것은 의지와 상상이 서로 갈등을 겪을 때 상상이 한 수 위에 있다는 의미가 아닐까?

치료에서뿐만 아니라 일상 속에서도 우리는 끊임없는 갈등과 실패를 맛보며 살아간다. 이것은 우리가 매번 '피할 수 없었어.', '어쩔 수 없었어.' 라고 생각할 때마다 생기는 것이다.

여기서 쿠에 사상의 두 가지 근원을 살펴보도록 하자. 하나는 자기암시는 우리가 잘 알고 있는 '상상'과 '의지'의 작용에 지나지 않는다는 것이다. 상상과 의지의 작용은 전에 믿었던 것보다 훨씬 더 강력하며 예측이 불가능하다.

또 다른 하나는 첫 번째와 맞물려 있다. 암시에서 작용하는 것은 암시를 거는 시술자가 아니라 순전히 피시술자의 상상인데, 암시나 최면을 걸 때 대부분의 시술자들은 극심한 갈등을 목격하게 된다. 피시술자의 서로 다른 두 의지가 갈등하는 것이 아니라, 상상과 의지가 갈등하는 것이다. 그러나 의지는 상상에 지게 되어 있다.

이 두 번째 근원은 쿠에가 핵심적이고 풍부한 결실을 맺은 개념이다. 그는 이를 예리하고 깊이 연구해 법칙을 만들었다. 이 법칙에 따르면 의지는 암시에 대해 아무런 힘을 쓰지 못하며, 파괴하려는 암시를 더욱 강화하는 데 일조한다.

자전거를 처음 배우는 사람은 돌부리를 보면 넘어질까 두려워서 피하려고 한다. 그러다 정확하게 돌부리에 걸려 넘어지고 만다. 무대 공포증이나 웃음이 터져 나오는 것도 참으려고 노력하면 할수록 더 강하게 나타난다.

이러한 법칙은 무의식과 의식적인 의지 사이의 갈등으로 광범위하게 나타난다. 승자는 언제나 무의식이다. 의지는 고유의 힘을 빌려야만 무의식을 이길 수 있다. 이것이 바로 자기암시에서 일어나는 일이다.

피시술자의 상상에서 가장 훌륭한 수단을 포착한 쿠에는 최면술을 그만두고 피시술자가 스스로 자기암시를 거는 방법을 가르치기 시작했다. 그러는 동안 그는 자신의 이론이 옳다는 사실을 증명했다. 이러한 암시의 결과는 한계를 넘어섰다. 쿠에는 암시가 신체 장기에 끼치는 작용을 확신했다. 이것은 로잔느 박사의 개인적인 연구에서 암시를 통해 사마귀가 사라진 실험에서도 명시되었다.

1910년, 낭시 학교는 전반적으로 체계가 통합·조정되어 그 후로 현재까지 알려진 '새로운 낭시 학교'로 창설되었다. 학교 규모는 점점 커졌고 전쟁 중에도 학생 수만 약간 줄었을 뿐 수업은 계속되었다. 여기서 쿠에는 놀라운 결과를 얻었는데, 이는 오늘날 '낭시의 기적'이라 불린다.

쿠에는 일상을 끊임없이 노동으로 일구어왔고, 삶에서 발견한 방법으로 인해 그를 존경하여 모여드는 수많은 사람들에게 건강과 기쁨을 나눠주었다. 쿠에는 이런 훌륭한 자선사업을 이뤄가면서, 그가 사랑하며 이웃이라 느끼는 순박한 사람들에게 자신을 맞춰나갔다. 이것은 그의 영광인 동시에 한계이기도 했다.

그는 자신이 생각해낸 표현을 사람들이 필요에 맞추어 바꿔 쓰도록 했다. 하지만 그의 표현이 해마다 단순해져가고 겉모습도 평범해 보여 강연을 들으러 온 사람들을 실망시켰다면, 이런 결점을 통해 정작 칭송받을 만한 점들은 무엇이었는지 알 수 있을 것이다.

쿠에는 항상 똑같은 것을 반복해서 말한다고 비난을 받았다. 그러나 사실 그가 변해야 하는지는 의문이다. 또 그가 달라지는 것이 바람직한 일인지 확신할 수도 없다. 그에게는 확실한 한 가지 생각이 있다. 아니 두 가지라고 하는 게 더 좋을 것이다. 그는 이 생각들의 중요성과 무게를 강조한다. 첫째는 집중의 가치인데, 하나의 생각이 발전하여 암시와 힘이 된다는 것이다. 둘째는 반복의 가치로, 암시의 실행을 위해 단조롭고 끊임없이 생각을 반복한다는 것이다.

여기서 카토(Cato : 로마의 장군이자 정치가. BC 234~149)를 생각해볼 필요가 있다. 그는 날마다 호민관에서 "카르타고는 멸망해야 한다."고 외쳐댔다. 그리고 결국 완강했던 카르타고를 격파시켰다. 이 같은 생각은 한계를 지니기도 하지만 힘이 되었던 것도 사실이다.

쿠에의 방식이 모든 이들에게 들어맞은 것은 아니다. 특히 제네바처럼 세련된 사람들이 많은 곳에서 수수하고 서글서글한 프랑스인이었던 쿠에는 큰 충격을 준 것으로 보인다. 그럼에도 쿠에는 인기몰이를 이어가며 가는 곳마다 군중들로 둘러싸였다.

가끔 그의 성공을 본 신중한 사람들은 그를 비난하기도 했다. 그들은 쇼나 돌팔이를 구경하는 것 같다고 생각했다. 하지만 쿠에가 훌륭하고 성실하며 겸손하여 자신이 낸 성과를 부인할 줄 아는 사람임을 안다면, 잘못된 오해와 편견이라는 걸 깨달을 것이다. 차라리 철이 자석에 붙는 소리가 시끄럽다고 따지는 게 낫다.

쿠에를 오해해서는 안 된다. 만일 예수가 재림해서 가난한 이들을 이끌며 마을의 후미진 거리를 걸어가는 모습을 보았다고 하자. 지배 계층과 귀족들이 이를 본다면 인상을 찌푸리며 "사기꾼!"이라고 외칠 것이다. 쿠에도 예수가 했던 것처럼 그의 길을 걸어갔다.

그는 세상 모두를 기쁘게 할 수 없다는 것을 알고 있었다. 어떤 이들은 그에게서 다양한 청중들에게 보다 유연하게 맞추는 수완을 바랄지도 모른다. 하지만 그를 있는 그대로 받아들이는 게 가장 좋을 것이다. 세상과 타협하지 않는 그는 암석 속의 다이아몬드이며 일종의 자연적인 힘이다.

쿠에는 대중들을 위해 자신의 기질과 선택에 제한을 두어도 아무런 문제가 없다는 것을 알고 있었다. 그에게는 제자들이 있고, 그중 특히 의사들은 쿠에가 닿지 못하는 곳에서 요법을 펼치고 있었다. 바셋 의사, 프로스트 박사, 윌리엄은 낭시 학교에서 암시법을 수학한 후 영국에서 개원해 암시법으로 치료를 시행했다. 영국의 의료계 종사자나 지식인들은 '쿠에이즘(Coueism : 그들이 만든 신조어)'이라는 강력한 독창성을 누구보다 잘 이해했다.

물론 프랑스나 다른 지역에서 쿠에의 요법을 이해하지 않으려는 사람들도 있었다. 이들은 요법 자체가 불합리하다고 생각했으나, 쿠에의 사상을 더 이상 무시할 수 없는 상황이었기 때문에 이렇게 말했다.

"다 좋아요. 하지만 우리는 오래전부터 알고 있었어요. 바로 오랜 친구인 암시라는 다른 이름으로 말입니다."

제임스에 따르면 새로운 사고가 거쳐 가는 데는 두 단계가 있다. 처음에는 터무니없다고 인식되던 사고가 진실하고 일상적으로 받아들여지는 단계가 된다. 그렇다면 우리들은 그다음 단계인 이해 단계로 넘어갈 만큼 성숙하게 될까?

공식 학계에서의 주된 비난은 쿠에가 의사가 아니라는 점이었다. 또한 날마다 낭시 학교에서 배출된 의사들도 무시했다. 그러나 낭시 학교의 이념은 의학 분야에만 국한된 것이 아니었음을 기억해야 한다.

낭시 학교는 교육과 윤리학, 심리학, 사회학 분야에도 새로운 관점을 제시했다. 인간의 마음을 연구하는 사람들이 자신이 관련된 분야에 무관심할 수는 없을 것이다. 런던의 성 바오로 대성당에서 연설

한 E. W. 바네스 참사회원의 설교 내용을 굳이 언급하지 않더라도, 몇몇 성직자들도 이런 관점을 잘 이해하고 있었다. 또한 과학자들이 열심히 본받고 배우려는 열린 마음의 제네바 성직자 중에서도 예를 들 수 있다.

이러한 태도는 전혀 놀랄 일이 아니다. 비록 쿠에의 원리는 형이 상학적인 문제에 있어서 중립적으로 남아 있지만, 정신이 몸에 작용 하는 영향을 인정한다는 점에서 종교와 그 맥락을 같이한다. 자기암 시법을 널리 알리려는 그의 삶, 그보다 더 기독교 사상을 따르는 것 이 있을까?

쿠에처럼 자신을 희생하고 봉사한 경우는 드물고 예외적이다. 낭 시에서의 기적보다 더한 것은 없다. 이런 그의 업적에 존경심으로 고 개가 절로 숙여진다. 기적은 이제 또 다른 기적으로 불길처럼 번져나 갈 것이다.

1922년 3월, 제네바에서
샤를 보두앵

:Contents

Chapter 1
의식적 자기암시로 하는
자기통제

의식적 자아는 대부분을 기억하지 못하고 잊어버리는 반면, 무의식적 자아는 별로 중요하지 않은 일들까지 완벽하게 기록하고 기억한다. 무의식적 자아는 '판단' 하지 않고 그대로 받아들이며, 신체의 모든 기능을 조정하는 뇌와 연관이 있다.

무의식적 자아는 행동도 지배한다. 이러한 무의식의 작용을 '상상' 이라고 한다. 그러나 흔히 생각하는 것과는 달리 상상은 의지에 반하여 우리를 움직이게 만든다. 의지와 상상은 반작용 관계다.

의지와 상상
그리고 자기암시

The Suggestion and
Auto Suggestion

 자기암시는 인류의 역사만큼이나 오래된 주제인데도 늘 새롭게 인식된다. 그 이유는 인류가 지구상에 나타난 시점부터 다뤄진 개념이면서도 지금까지 제대로 된 연구가 이뤄지지 않아 올바른 이해가 부족했기 때문이다.

 자기암시는 인간의 선천적인 능력이며, 신비롭고 무한한 힘을 갖고 있다. 이 힘은 상황에 따라 최상 혹은 최악의 결과를 낳는다. 따라서 이에 대한 이해는 모두에게 유용하며, 특히 의료인, 법조인, 교육 분야에 종사하는 사람들에게는 더욱 중요하다.

 자기암시를 올바르게 하면 무엇보다 잘못된 자기암시로 인해 남에게 심각한 피해를 끼치는 것을 예방할 수 있다. 또한 육체적으로 건강해짐은 물론, 신경증 환자나 무의식적·내적 자기암시의 희생자들에게 도움을 줄 수 있다. 그리고 잘못된 길을 택한 이들을 바른 길로 안내할 수 있다.

의식적 자아와 무의식적 자아

암시 현상을 제대로 이해하기 위해서는 먼저 자기암시를 보다 명확히 이해해야 한다.

우리의 내면에는 서로 다른 두 자아가 있다. 두 자아는 모두 지적인데, 하나는 의식할 수 있고 다른 하나는 의식할 수 없다. 그중 무의식적 자아는 평소에는 드러나지 않지만 문제시되는 특정한 현상이 나타날 때는 분명히 드러난다. 다음과 같은 예를 살펴보자.

누구든 몽유병에 대해서는 알고 있을 것이다. 몽유병 환자들은 잠에서 깨지 않은 상태로 일어나 돌아다니며 어떤 일을 하고는, 다시 돌아와 자리에 눕는다. 그리고 제정신으로 돌아오면 잠이 깨지 않았을 때 해놓은 일들을 보고 깜짝 놀란다. 하지만 인식하지도 못한 상태로 일을 한 사람은 바로 자신이다. 무의식적 자아가 아니라면 과연 어떤 힘이 몸을 움직이게 했을까?

술에 취해 일시적으로 섬망증(알코올 중독에 의한 망상증)에 걸린 사람들은 마치 미친 사람처럼 칼, 망치 등을 손에 잡히는 대로 집어 들고 휘두른다. 그러다가 옆에 있던 사람이 다치기도 한다. 술이 깬 후 그

끔찍한 광경을 보게 되어도 자신이 한 일인 줄은 꿈에도 모른다. 이 경우에도 불행한 결과를 불러온 것은 무의식적 자아다.

의식적 자아는 대부분을 기억하지 못하고 잊어버리는 반면, 무의식적 자아는 별로 중요하지 않은 일들까지 완벽하게 기록하고 기억한다. 무의식적 자아는 '판단'하지 않고 그대로 받아들이며, 신체의 모든 기능을 조정하는 뇌와 연관이 있다. 이 때문에 다소 기이한 결과가 나타난다. 즉, 우리가 신체의 어느 부위가 좋거나 나쁘다고 믿거나, 혹은 그런 느낌을 갖는다면, 그 신체 부위는 실제로 그렇게 기능한다는 것이다.

무의식적 자아는 행동도 지배한다. 이러한 무의식의 작용을 '상상'이라고 한다. 그러나 흔히 생각하는 것과는 달리 상상은 의지에 반하여 우리를 움직이게 만든다. 의지와 상상은 반작용 관계다.

의지와 상상

사전에서 '의지'라는 단어를 찾으면 '어떤 목적을 실현하기 위해서 자발적으로 의식적인 행동을 하게 하는 내적 욕구'라고 쓰여 있다. 이 뜻을 의심하는 건 아니지만, 사실 이것처럼 잘못된 말은 없다. 실제로도 '의지'는 '상상'에 자리를 내주며, 이는 예외 없이 절대적인 규칙이다.

"말도 안 돼! 그럴 리가!"라고 외칠 테지만, 진실이다.

눈을 뜨고 주위에 보이는 것을 이해하려고 노력하면 내가 하는 말이 거짓이 아님을 알게 될 것이다. 이 말은 헛된 망상이 아니라, 사실 그대로다.

바닥에 폭이 30cm, 길이가 10m인 널빤지를 놓는다고 가정해보자. 누구든 널빤지의 한쪽 끝에서 다른 쪽 끝까지 무리 없이 걸어갈 수 있을 것이다. 이번엔 조건을 바꿔서 널빤지가 대성당의 탑만큼 높은 곳에 걸려 있다고 상상해보자. 과연 누가 이 좁은 다리 위를 걸어갈 수 있을까? 아마 아무도 못할 것이다. 두 걸음도 내딛기 전에 다리가 후들거려서 아무리 용기를 낸다 해도 결국 땅으로 떨어질 것이다.

왜 널빤지가 땅에 놓여 있으면 떨어지지 않고, 높은 곳에 걸려 있으면 떨어지는가? 앞의 경우는 다른 쪽으로 걸어가는 것이 쉽다고 '상상' 하고, 뒤의 경우는 할 수 없다고 '상상' 하기 때문이다.

앞으로 나아가게 하는 것은 당신의 의지이므로, 할 수 없다고 생각한다면 절대로 불가능하다. 지붕을 수리하는 목수가 높은 곳에서 일할 수 있는 이유는 '할 수 있다' 고 생각하기 때문이다.

현기증은 마음속으로 떨어지는 모습을 그리기 때문에 생기는 증상이다. 아무리 노력해도 상상은 곧 현실로 이어진다. 노력하면 할수록 바랐던 것과 반대의 결과를 낳는다.

불면증으로 고생하는 사람도 마찬가지다. 잠을 자려고 억지로 노력하지 않는다면 잠이 들 것이다. 하지만 자려고 애쓴다면 오히려 잠들기가 어렵다.

어떤 사람의 이름을 기억해내려고 할수록 더 생각나지 않았던 적이 있는가? '조금 있으면 생각나겠지.' 하고 마음을 편히 가지니 자연스럽게 이름이 떠올랐을 것이다.

처음 자전거를 배울 때를 떠올려보자. 손잡이를 잡고 조심스레 나아가며 넘어질까봐 겁을 낸다. 그러다 길 앞에 놓인 장애물을 보고 피해가려 했는데, 오히려 돌진해버린 적이 허다할 것이다. 웃음을 참으려고 할수록 더 웃게 된 경험 역시 누구라도 해봤을 것이다.

이런 상황에 처했을 때, 사람들은 다음과 같은 생각을 한다.

'떨어지고 싶지 않지만 어쩔 수 없어.'

'잠들고 싶은데 잠이 안 와.'

'이름을 떠올리고 싶은데 생각이 안 나.'

'장애물을 피하고 싶지만 할 수 없어.'

'웃음을 참고 싶지만 안 돼.'

이처럼 어떤 갈등 상황에서든 상상은 의지를 꺾고 승리한다.

선두에 서서 군대를 이끌며 전진하는 지휘관에게도 같은 원리가 적용된다. "각자 판단하여 진격하라!"고 외친다면 참패할 수밖에 없다. 왜일까?

지휘관을 따르는 병사들은 진격해야 한다고 상상하지만, 각자 판단해야 하는 병사들은 패배할 거라고 상상하기 때문이다.

어느 이야기책에 나오는 빠누르라는 악당은 다른 이의 전례를 따르는 상상이 전염성이 강하다는 사실과 그것의 결과를 잘 간파했다. 그는 같은 배에 타고 있던 상인에게 복수를 하고자 자기의 커다란 양 한 마리를 바다 속에 던져버렸다. 그러자 상인의 양들도 모두 바다 속으로 뛰어들었다. 그는 양들의 이런 특성을 미리 알고 있었던 것이다.

인간도 양들과 비슷하다. 다른 방법이 없다고 미루어 짐작하여 무심결에 다른 사람들의 전례를 그대로 따른다.

이밖에도 다른 예들이 많지만, 일일이 열거하다 보면 독자들이 지루해할 수도 있으니 그만하도록 하겠다. 그러나 상상, 즉 의지와 다투는 무의식이 엄청난 힘을 지니고 있다는 사실은 분명하다.

알코올 중독자들은 술을 끊으려 해도 결코 끊지 못한다. 술은 생각만 해도 지겨워서 꼭 끊고 싶다고 말하면서, 이런 의지와는 달리 결국 유혹을 견디지 못하고 다시 술에 손을 댄다.

범죄자들 중에는 뜻하지 않게 죄를 저지른 경우가 있다. 왜 그런 행동을 했냐고 물으면 "어쩔 수 없었습니다. 뭔가 강한 힘이 그러라고 시켰어요."라고 대답한다.

알코올 중독자나 범죄자들의 대답은 거짓이 아니다. 그들은 어떤 힘에 밀려 그런 행동을 한 것이다. 즉, 자신의 행동을 막을 수 없다고

'상상' 한 것이다.

사람들은 너무나 당연하게 의지가 원하는 것을 마음껏 할 수 있게 해준다고 믿는다. 하지만 현실적으로 의지란 상상에 끌려 다니는 불쌍한 꼭두각시에 불과하다. 상상을 다루는 법을 터득했을 때 비로소 이러한 꼭두각시놀음에서 벗어날 수 있다.

암시와 자기암시

앞의 이야기를 보면, 상상이란 뭍으로 빠져나오려고 아무리 애를 써도 결국 휩쓸리고 마는 급류처럼 느껴진다. 하지만 빠져나오는 게 절대로 불가능할 것 같은 이 급류도 물길을 발전소로 돌리면 생활에 유익한 전기와 열을 만들어낼 수 있다.

위의 비유가 충분치 않다면, 이런 건 어떨까. 상상은 '집에 갇힌 미친 사람'처럼 느껴지지만, 사실은 재갈도 고삐도 없는 야생마와 같다. 이 말 등에 올라탄 기수는 그저 말이 달리는 대로 갈 수밖에 없다. 제멋대로 달리던 말은 결국 도랑에 빠져 허우적댈 것이다. 그러나 기수가 말에 고삐를 채우고 나면 상황은 달라진다. 말은 기수가 모는 쪽으로 순순히 따르게 된다.

이제 우리는 상상 혹은 무의식이 어마어마한 힘을 지녔다는 사실을 알게 되었다. 나는 지금부터 상상과 무의식도 급류나 야생마처럼 길들일 수 있다는 것을 보여주고자 한다. 이에 앞서 제대로 이해하지 못한 두 단어를 짚고 넘어가야 한다. 바로 암시와 자기암시다.

암시란 무엇일까? 그것은 '누군가에 의해 두뇌에 생각을 주입시키는 일'로 정의할 수 있을 것이다. 그런데 이런 작용이 실제로 일어날까?

사실 그렇지는 않다. 암시는 그 자체로 있을 수 없다. 암시가 존재하려면 자기암시로 전환되어야 한다. 자기암시는 '스스로에게 생각을 주입시키는 일'이라고 정의할 수 있다.

당신이 누군가에게 암시를 걸어도 상대의 무의식이 암시를 받아들여 자기암시로 전환하지 않으면 아무런 결과도 낳지 못한다. 나는 때때로 평범한 주제의 암시를 스스로에게 거는 데 실패했다. 그 이유는 내 무의식이 암시를 거부하여 자기암시로 전환되지 않았기 때문이다.

자기암시의 사용

상상도 급류나 야생마처럼 통제할 수 있다고 얘기한 앞의 주제로 다시 돌아가보자. 상상을 통제하기 위해서는 첫째, 대부분의 사람들이 간과하고 있는 사실, 즉 그것이 가능하다는 걸 알아야 한다. 둘째,

상상의 통제가 어떻게 이루어지는지 알아야 한다.

그 방법은 아주 단순하다. 우리는 바라거나 인식하지 않아도 무의식적으로 그 방법을 쓰고 있다. 하지만 종종 잘못 사용하여 상처를 입을 수 있다. 그것은 바로 자기암시다.

우리는 끊임없이 자신에게 무의식적으로 자기암시를 걸어왔다. 하지만 정작 해야 할 일은 의식적으로 암시를 거는 일이다. 그 방법은 다음과 같다.

첫째, 자기암시의 대상을 마음에 명확히 새긴다. 그 대상이 '예' 혹은 '아니요'라는 대답을 요구하면, 다른 생각은 일체 떠올리지 않고 '이것은 일어날 것이다.', '이것은 사라질 것이다.', '이것은 일어나거나 일어나지 않을 것이다.' 등의 흐름에 집중한다. 이런 것들은 모두 내부 에너지의 일부다. 만일 무의식이 이러한 암시를 받아들여 자기암시로 전환하면 세세한 부분까지 모두 현실이 된다.

지금까지 자기암시는 최면술 같은 것으로 취급되었다. 하지만 나는 '인간의 정신과 육체에 미치는 상상의 영향'이라고 정의 내리고 싶다. 이 영향력은 거부할 수 없을 만큼 강하다.

또 다른 예를 살펴보자.

만일 당신이 어떤 일을 할 수 있다고 믿는다면, 그것이 아무리 어려운 일이라도 해낼 수 있다. 반대로 누구나 쉽다고 여기는 일이라도 당신이 할 수 없다고 믿는다면 결코 해내지 못한다. 낮은 언덕을 오르기 힘든 높은 산처럼 느끼고 못 넘는 것이다.

신경쇠약도 이와 같다. 신경쇠약에 걸린 사람은 최소한의 노력조차 하기 힘들다고 판단하고 몇 걸음을 내디뎠을 뿐인데도 힘들어한다. 그러고는 늪에서 빠져나오려고 애쓸수록 더 깊이 빠지는 것처럼 더욱 위축되고 만다.

통증이 사라진다고 생각하면 정말 조금씩 사라지는 걸 느끼지만, 반대로 괴로워하면 더 큰 통증이 뒤따른다. 어떤 이는 언제, 어떤 상황에서 두통이 생길 거라고 미리 짐작하는데, 그러면 어김없이 그 상황에서 두통이 생긴다. 병을 자초하는 셈이다. 이것은 의식적 자기암시로 병을 치료하는 것과 반대 현상이다.

일반인들은 감당할 수 없는 생각을 밀어붙이는 사람을 일컬어 '미쳤다'고 한다. 정신적, 육체적 질병이 있는 사람은 스스로 질병이 있다고 상상하기 때문에 그런 것이다. 특별한 외상이나 장애가 없는데 마비 증세를 보이는 사람은 자기가 마비되었다고 상상하기 때문에 그런 것이다. 이런 사람들에게는 매우 특별한 치료법이 요구된다.

행복한지 불행한지의 여부도 상상에서 비롯된다. 똑같은 상황에 처했는데도 어떤 사람은 행복하다고 느끼고, 어떤 사람은 처절하게 불행하다고 느끼는 것처럼 말이다.

신경쇠약, 말더듬이, 혐오증, 도벽, 마비 증세는 무의식적인 자기 암시에서 비롯된 것이다. 즉, 무의식이 육체와 정신에 작용하여 나타난 결과다. 이처럼 무의식은 수많은 질병의 원인이므로, 이것으로 질병을 치료할 수도 있다. 특히 신체 장기에 무의식이 미치는 영향은 매우 크다.

당신이 지금 조용한 방에 혼자 있다고 상상해보자. 안락의자에 앉아 조용히 눈을 감으라. 그리고 의식을 집중하면서 '이런저런 일들이 사라질 것이다.' 혹은 '이런저런 일들이 일어날 것이다.'라고 생각해보라. 만약 자기암시가 제대로 걸려 무의식이 그것을 받아들인다면, 놀랍게도 생각한 일들이 실제로 벌어진다(자기암시로 바뀐 생각들은 내면에 존재하며, 그것의 효과가 표면적으로 드러난다).

그런데 자기암시를 시행할 때는 의지가 개입되어서는 안 된다. 의지와 상상은 일치하지 않기 때문이다. 만일 '이런저런 일들을 할 것이다.'라는 의지가 들면 상상은 '그렇게 하려고 해도 안 될걸.'하고 반대한다. 그러면 원하는 것을 얻기는커녕 정반대의 결과를 얻게 된다. 이것이 정신 질환의 치료를 위해 의지를 되새기는 방법을 써도 만족할 만한 결과가 나타나지 않는 이유다.

중요한 것은 상상을 훈련시키는 일이다. 나는 상상 훈련법을 통해 다른 치료법이 소용없었던 사람들과 중증 환자들을 치료할 수 있었다.

내가 지난 20년간 수많은 실험을 거쳐 도출한 방법을 정리하면 다음과 같다.

1. 의지와 상상이 상반되면 예외 없이 상상이 승리한다.

2. 의지와 상상이 갈등을 빚으면 상상의 힘은 의지의 제곱비로 커진다.

3. 의지와 상상이 일치하면 상상의 힘은 둘을 더한 만큼이 아니라, 곱한 만큼 커진다.

4. 상상은 통제할 수 있다.

　('제곱비'와 '곱한다'는 의미를 쉽게 이해하기 위해 쓴 표현이다.)

　위의 방법에 따르면 질병에 걸릴 사람은 아무도 없을 것이다. 이 말은 진실이다. 어떤 질병이든 자기암시로 나을 수 있다. 그러나 '나을 수 있다'는 뜻이지 '모두 낫는다'는 뜻은 아니므로, 차이를 잘 이해해야 된다.

　의식적 자기암시를 하려면 글을 읽고 쓰는 법을 배우고, 피아노 치는 법을 배우듯이 그 방법을 배워야 한다.

　앞에서 말했듯이 자기암시는 인간의 천부적인 재능이며, 어린아이가 끊임없이 재잘거리듯 일생 동안 무의식적으로 쉼 없이 다루는 도구다. 그렇지만 만일 무의식이 잘못된 방향으로 나아가면 당신은 해를 입거나 심지어 죽을 수도 있다. 반대로 이 도구를 의식적으로 사용하는 방법을 알면 위험에 처한 생명을 구할 수도 있다. 이솝이야기에서도 '혀'를 두고 '가장 좋으면서도 가장 나쁜 것'이라 하지 않았는가.

나는 지금부터 모든 사람들이 의식적인 자기암시를 이용하면 어떤 효과를 얻을 수 있는지를 제시하고자 한다.

사실 '모든 사람'이라고 하기에는 무리가 있다. 의식적인 자기암시가 잘 되지 않는 두 부류의 사람들이 있기 때문이다. 정신 발달이 미흡해서 이해력이 부족한 사람들과 아예 이해하려 하지 않는 사람들이다.

자기암시 시행 방법

원칙들은 다음과 같은 말로 간단히 정리할 수 있다.

'한 번에 두 가지 생각을 할 수 없다.'

'설사 동시에 두 가지 생각이 든다 해도 병렬로 존재하며 겹치지 않는다.'

정신을 통해 걸러지는 모든 생각은 현실이 되고 행동으로 전환된다. 따라서 어떤 병으로 고생하는 사람에게 '병이 점점 나아진다'고 생각하게 할 수 있다면 병은 정말 사라질 것이다. 또 도벽에 시달리는 사람에게 '더 이상 훔치지 않는다'고 생각하게 한다면 증세가 사라질 것이다.

불가능해 보이는 이런 훈련은 사실 아주 간단한 것이다. 환자들의 무의식적 사고를 A, B, C 단계로 나누고, 그 단계에 따라 가르치면 된다. 자기암시가 잘 되지 않는 두 부류의 사람들을 제외하고는, 다음에서 제시하는 단계를 거치면 좋은 결과를 얻을 수 있다.

1단계 몸을 꼿꼿하게 세운 다음, 발끝에서 발꿈치까지 바닥에 붙이고 발목은 부드럽게 움직이도록 한다. 몸 전체가 바닥에 균형을 잡고 세운 나무판이라 상상하게 한다. 나무판을 살짝 밀면 판 전체가 아무 저항 없이 민 방향으로 쓰러지는 것처럼, 피시술자의 어깨를 뒤로 당기면서 저항 없이 시술자 쪽으로 넘어지라고 말한다. 이때 발은 바닥에 대고 있어야 한다. 잘 되지 않으면 성공할 때까지 계속한다.

2단계 상상이 사람에게 끼치는 영향을 설명하면서 피시술자에게 다음과 같이 말하고 생각하게 한다. "뒤로 쓰러진다……."

다른 생각은 하지 말고 오직 이 생각에만 집중하게 한다. 이때 피시술자는 쓰러질지 쓰러지지 않을지 의심을 품지 않아야 하며, 시술자를 위해 의도적으로 쓰러져서도 안 된다. 만약 무언가가 뒤로 쓰러지게 시키는 것 같다는 느낌이 들면 저항하지 말고 힘이 느껴지는 대로 따른다.

이제 피시술자에게 고개를 들고 눈을 감으라고 한다. 오른손을 목뒤에 얹고, 왼손은 이마에 올리게 한다. 그리고 "자, 생각하세요. 나는 뒤로 쓰러집니다. 뒤로 쓰러집니다."라고 말한 후, "당신은 뒤로 쓰러집니다. 당신은 뒤로 쓰러집니다."라고 반복해서 말한다. 그러면서 피시술자의 왼손을 관자놀이로 살짝 미끄러지게 내리고 오른손은 목에서 천천히 뗀다.

그러면 피시술자는 몸이 뒤로 움직이고 있다고 느끼며 넘어지지 않으려고 애쓰거나 뒤로 완전히 쓰러질 것이다. 만약 쓰러지지 않으려고 한다면 "당신은 쓰러지면 다칠지도 모른다는 생각을 하고 있습니다. 그런 생각을 하지 않았다면 나무판처럼 쓰러졌을 겁니다."라고 말한다. 그리고 명령조로 말하며 성공할 때까지 계속한다.

이때 시술자는 왼발과 오른발을 벌린 안정된 자세로 피시술자 뒤에 서서 쓰러질 때 잘 받도록 한다. 피시술자가 무겁더라도 같이 쓰러지지 않도록 주의한다.

3단계 이번에는 시술자가 피시술자 앞에 서서 바라보게 한 다음, 몸을 꼿꼿하게 세우고 발목은 움직이되 두 발을 일자로 붙이게 한다. 그리고 시술자는 양손을 피시술자의 관자놀이에 얹은 후, 눈꺼풀을 깜박이지 않고 시선을 피시술자의 코끝에 둔다. 피시술자에게 "나는 앞으로 쓰러진다. 앞으로 쓰러진다."라고 생각하게 하고, 힘주어 말한다. 시선을 고정한 채로 "당신은 앞으로 쓰러집니다."를 반복해서 말한다.

4단계 피시술자에게 손가락이 떨릴 정도로 아주 세게 양손을 포개어 쥐라고 한다. 시술자는 전 단계와 같이 시선을 고정하고 피시술자의 손을 감싸 더 세게 쥐게 한다. 그리고 피시술자에게 손을 뗄 수 없다고 생각하게 한다. 그다음에 셋까지 세는데, 셋을 셀 때 피시술자에게 손을 떼라고 지시한다. 이때 피시술자는 계속 '할 수 없다'고 생각해야 한다. 그러면 손을 뗄 수 없다.

다시 '하나, 둘, 셋'을 천천히 세며 한 마디 한 마디 힘을 줘서 말한다. "나는 할 수 없다. 나는 할 수 없다."

피시술자가 할 수 없다고 믿으면 정말 손을 뗄 수 없을 뿐만 아니라, 떼려고 노력하면 할수록 양손은 강하게 밀착된다. 하지만 잠시 후 '나는 할 수 있다.'라고 생각하게 하면 양손은 떨어진다.

시술자는 피시술자의 코끝에 시선을 고정시키고, 피시술자가 시선을 돌리지 않게 해야 한다. 만일 피시술자의 손이 떨어지면 시술자의 잘못이 아니라, 피시술자가 제대로 집중하지 못했기 때문이다. 그러면 피시술자에게 실패의 원인을 설명하고 다시 시작한다. 또한 말할 때는 피시술자가 잘 따르도록 명령조로 지시해야 한다. 목소리를 크게 하라는 뜻이 아니라, 단어 하나하나를 힘 있게 강조하라는 뜻이다. 이 단계가 성공하면 다른 실험에서도 좋은 결과를 얻을 수 있다.

몇몇 피시술자들은 매우 민감해서 어렵지 않게 손과 발에 암시가 걸린다. 두세 가지 실험을 쉽게 성공하면 더 이상 피시술자들에게

"이것을 생각하세요." 혹은 "저것을 생각하세요."라고 일일이 말할 필요가 없다. 단지 명령조로 "주먹을 쥡니다.", "이제 손을 펴지 못합니다.", "눈을 감습니다.", "이제 눈을 뜨지 못합니다."라고만 해도 된다. 그러면 민감한 피시술자는 즉시 손을 펴거나 눈을 뜨지 못한다. 몇 분 후에 피시술자에게 "이제 할 수 있습니다."라고 말하면 바로 손을 펴고 눈을 뜬다.

이런 실험은 변형이 무한히 가능하다. 피시술자에게 두 손을 잡고 양손이 붙었다고 상상하게 할 수도 있고, 테이블 위에 손을 놓게 한 후 손이 붙었다고 암시를 걸 수도 있다. 또 의자에 붙어 일어날 수 없다고 상상하게 하거나, 책상 위에 세워 둔 연필꽂이가 아주 무겁다고 상상하게 해서 못 들게 만들 수도 있다.

다시 한 번 강조하지만 이런 현상들은 모두 암시가 아니라, 시술자의 암시를 받아들인 피시술자의 자기암시에서 기인한 것이다.

치료를 위한 암시법

피시술자가 앞선 방법들을 통해 과정을 이해했다면, 이제 치료를 위한 암시를 해도 좋다. 전에는 씨가 자라지 못하는 불모지에 불과했다면, 이제 씨가 발아해서 클 수 있는 경작지와 같기 때문이다.

피시술자의 질병이 육체적이든 정신적이든 상관없이, 암시법의 절차는 같다. 같은 단어를 쓰되 경우에 따라 약간의 변화를 준다.

자리에 앉아 눈을 감으세요. 잠들게 하려는 게 아닙니다. 잠들지 않아도 됩니다. 단지 시선을 주변으로 돌리지 않게 하기 위해서입니다.

그리고 지금부터 제가 하는 말을 따라합니다. 마음에 깊이 새겨 넣습니다. 의지나 지식으로서가 아니라 무의식으로, 당신의 몸 전체로 이 말을 흡수합니다. 잘 들으세요.

당신은 매일 세 번, 아침, 점심, 저녁 식사 시간이 되면 배가 고프다고 느낍니다. 그럴 때마다 '아! 뭔가 먹을 게 있다면 얼마나 좋을까?'라고 생각하게 됩니다. 맛있게 식사를 하되 과식하지 않습니다. 음식을 부드러운 상태로 씹어 삼키면 소화가 잘되고, 속이 불편하거나 더부룩하지 않으며, 위나 장이 아프다고 느끼지 않을 것입니다. 흡수된 영양소를 통해 신체 장기는 피와 근육을 만들고 힘과 에너지, 즉 활기를 만듭니다.

음식이 소화되면 배설도 잘되고, 아침에 일어날 때 정상적으로 변을 봅니다. 특별한 약을 먹지 않아도 몸이 편하고 기분이 좋을 것입니다. 당신은 매일 원하는 시간에 잠들고 일어날 수 있으며, 악몽 따위는 일체 꾸지 않고 깊은 숙면을 취합니다. 잠에서 깨어나면 기분이 상쾌하고 힘이 나며 건강하다고 느낍니다.

만약 당신이 우울하고, 걱정과 고민이 많으며, 부정적인 생각으로 가득 차 있었다면 더 이상 그러지 않을 겁니다. 당신은 걱정하며 우울한 일들로 괴로워하는 대신 기분이 상쾌하다고 느낍니다. 특별한 이유 없이도 가능한 일입니다. 아무런 이유 없이 우울했던 것처럼 말입니다.

당신이 끈기가 부족하고 변덕을 부리며 버럭 화를 내는 성격이라면, 더 이상은 그러지 않을 겁니다. 당신은 항상 참을성 있게 자신을 다스릴 수 있게 될 겁니다. 걱정거리나 화나는 일들이 사라지고 침착하게 됩니다.

만일 좋지 않은 생각이나 불안, 염려, 혐오, 유혹, 원한에 사로잡혀 있다면, 이 모두가 상상의 힘에 의해 저 멀리 구름이 사라지듯 완전히 자취를 감출 것입니다. 눈을 뜨면 꿈에서 깨어나듯 이런 헛된 생각들도 사라집니다.

모든 신체 장기들이 제 기능을 수행합니다. 심장 박동은 정상이며 혈액 순환도 잘됩니다. 폐와 위, 장, 간, 담, 신장, 방광도 정상적으로 활동합니다. 만약 지금 장기에 이상이 있다면 날마다 회복되어 시간이 지나면 정상적인 기능을 되찾고 완전히 낫게 됩니다 (이때 꼭 회복되어야 할 부분이 어디인지 알 필요는 없습니다. 무의식은 스스로 문제가 있는 신체 장기를 찾아내어 고칩니다).

무엇보다 당신은 지금까지 자신을 믿지 못하고 불신했으나, 이러한 불신이 점차 사라지고 자신을 믿게 됩니다. 당신 안에 내재되어 있는 무한한 힘을 깨닫고, 자신감이 생깁니다. 우리 모두는 이런 자신감을 갖는 것이 절대적으로 필요합니다. 자신감 없이는 아무것도 이루지 못하지만, 자신감이 있으면 이치에 맞는 범주 내에서는 무엇이든 해낼 수 있습니다. 당신은 자신감을 갖게 될 것이며, 이치에 맞는다면 소망이든 의무든 상관없이 무엇이든 이루게 될 겁니다.

어떤 일을 하기 전에는 언제나 '일은 쉽고 나는 할 수 있다'고 생각하십시오. '어렵다, 불가능하다, 못한다, 나보다 강하다, 어쩔 수 없다.' 같은 말들은 머릿속에서 사라집니다. 다른 사람들에게는 어려운 일도 당신이 쉽다고 생각하면 쉬운 일이 됩니다. 당신은 일을 빠르게 잘해낼 것이며, 지치지도 않습니다. 잘하려고 일부러 노력하지 않아도 그럴 수 있습니다. 반대로 일이 어렵고 불가능하다고 생각하면 실제로 그렇게 됩니다.

이러한 일반적인 암시들은 다소 유치해 보일지라도 꼭 필요한 것들이다. 일반적인 암시를 한 후에는 환자의 상황과 특성에 맞는 암시를 추가한다.

암시를 할 때는 단조롭게 달래는 목소리로 말하며, 중요한 단어를 강조한다. 피시술자가 잠들지 않고 약간 졸리게 만들어 아무 생각도 나지 않게 하면 좋다. 암시의 마지막 단계에 이르면 이렇게 말한다.

당신은 모든 면에서 좋아졌습니다. 이제 육체적으로도 정신적으로도 건강한 삶을 즐길 것입니다. 그 어느 순간보다 더 행복하다고 느낄 것입니다.

이제 셋을 세면 눈을 뜨고 지금 상태에서 깨어납니다. 자연스럽게 원 상태로 돌아와 졸리지도 피곤하지도 않고, 건강하고 힘이 솟고 적극적이며 생기가 넘칠 것입니다. 무엇보다 기분이 상쾌해지고 어떤 일이라도 손에 잘 잡힙니다. 하나, 둘, 셋.

그러면 피시술자는 입가에 미소를 띠며 눈을 뜨고, 건강하고 만족한 표정을 지을 것이다. 드물게 그 자리에서 바로 낫는 환자들도 있지만, 일반적으로는 통증이 완화되었음을 느낀다. 그리고 통증과 우울함이 부분적으로 사라졌거나, 시간이 지나고 나서 완전히 없어졌다고 말한다.

암시는 피시술자에 따라 달라져야 한다. 더 이상 암시가 필요하지 않을 때까지, 즉 완전히 치료가 이루어질 때까지 결과에 따라 치료하는 간격을 점차 늘려간다.

피시술자를 돌려보내기 전에 그에게 스스로 치유할 수 있는 도구가 있다고 말해야 한다. 매일 아침 일어날 때와 잠자리에 들기 전에 시술자가 앞에 있다고 상상하고 눈을 감으라고 한다. 그리고 스무 번 연속해서 단조로운 목소리로 말하게 한다.

"나는 모든 면에서 날마다 점점 더 나아지고 있다."

끈에 20개의 매듭을 만들어 하나씩 풀어가면서 하면 도움이 된다.

특히 '모든 면에서'라는 말을 힘주어 강조하게 한다. 이 구절은 육체적인 면과 정신적인 면에 두루 작용하며, 특별한 암시보다 효과가 뛰어나다.

이런 과정을 거치면 시술자의 역할이 명확해진다. 시술자는 명령을 내리는 주인이 아니라, 피시술자의 친구이자 안내자임을 알게 된다. 시술자는 피시술자가 육체적·정신적으로 건강해질 수 있도록 한 단계씩 이끌어주는 역할을 한다. 또한 암시는 피시술자의 관심에 맞추는 것이므로, 무의식적 자아가 암시를 받아들여 자기암시로 전환하기만 하면 된다. 자기암시가 걸리면 상황에 따라 치료가 빨리 이루어지기도 한다.

자기암시의 우수성

자기암시는 놀랄 만한 결과를 가져온다. 이 방법을 이해하는 것도 매우 쉽다. 내 조언대로 하면 정신 발달이 미흡해서 이해력이 부족한 사람들과 아예 이해하려 하지 않는 사람들을 제외하고는 실패할 가능성이 거의 없다. 그리고 두 부류는 전체 인구의 3%밖에 되지 않는다. 그러나 피시술자가 바로 잠들어버리면 성공하기 어렵다.

피시술자가 암시를 받아들이고 자기암시로 전환하기 위해서는 사전 설명과 예비 과정이 필요하다. 몇몇의 민감한 사람들은 준비 없이 성공할 수도 있지만 그런 경우는 극히 드물다. 그러나 준비 과정을 거치면 누구나 민감해질 수 있으며, 설명도 몇 분이면 끝난다.

예전에는 잠이 들어야 암시를 걸 수 있다고 생각하여 피시술자들을 항상 잠들게 했다. 그러나 수면이 필수 조건이 아니라는 사실을 발견하고부터 일부러 재우지 않는다. 게다가 피시술자들은 잠재울 것이라 하면 대부분 불안감과 불편함을 느끼며, 뜻하지 않게 무의식적으로 저항을 한다. 반대로 잠들 필요가 없다고 하면 피시술자들은 자신감을 얻어, 불안감이나 다른 생각을 품지 않고 시술자의 말을 경청한다. 설사 처음에는 편안한 상태가 되지 않을지라도 시술자의 단조로운 목소리를 듣고 있으면 곧 마음이 안정되어 깊은 잠에 빠지곤 한다. 잠에서 깨어난 피시술자는 자신이 잠들었다는 사실에 놀라워하기도 한다.

내 설명에 회의적인 사람들이 분명히 있을 것이다. 그런 사람들에게는 이런 말을 해주고 싶다. 진료소에 와서 어떤 일들이 이루어지는지 직접 보면 확신이 들 거라고.

또한 자기암시는 위와 같은 방식으로만 걸린다는 생각을 할 수도 있는데, 그렇지 않다. 때때로 배경 지식이나 특별한 준비 과정을 설명하지 않았는데도 암시를 걸 수 있다. 의사라는 직함만으로도 피시술자에게 암시적인 영향을 끼칠 수 있다. 만일 의사가 환자에게 병을 치료할 수 없으며 병원에서 할 수 있는 일도 없다고 말한다면, 환자는 스스로 최악의 암시를 불러일으킬 것이다. 반대로 병은 깊으나 정성과 시간을 들이며 인내심을 가지면 나을 수 있다고 한다면, 놀랄 만한 결과를 얻을 수 있다.

다른 예를 들어보자. 의사가 검사를 마친 후 환자에게 특별한 말 없이 처방전만 적어서 건네준다면 치료가 효과적일 가능성은 적다. 그러나 환자에게 어떠한 조건에서 이런저런 약을 먹어야 한다고 설명해주면 실제적으로 확실한 결과를 볼 수 있다.

이 글을 읽는 의사나 약사들도 내 얘기를 적대시하지 않았으면 좋겠다. 내 방법은 오히려 여러분에게 도움이 될 것이다. 나는 암시의 이론적이고 실제적인 연구가 환자와 의사들을 위해 의대 강의에 포함되어야 한다고 생각한다. 그리고 환자가 의사를 찾아가면, 환자에게 한 가지 이상의 약 처방을 내려야 한다고 생각한다. 사실 환자가 의사를 찾아가는 이유는 어떤 약을 먹어야 병을 고칠 수 있는지에 대한 조언을 듣기 위해서다. 환자는 병을 낫게 하는 위생이나 양생에는 별로 관심이 없으며, 이를 중요하게 여기지도 않는다. 환자가 원하는 것은 약이다.

만일 의사가 약 처방 없이 위생과 식단에 신경 쓰라고 하면 환자는 분명 만족하지 않을 것이다. 의사와 상담하러 갔는데 아무것도 얻지 못했다며 다른 의사를 찾아갈 것이다.

또한 근처 약국에서 쉽게 구할 수 있는 약보다 의사가 직접 조제한 약을 처방해야 한다. 의사가 직접 조제한 약은 환자에게 더 큰 자신감을 준다.

암시는 어떻게 작용하는가?

자기암시의 역할을 이해하기 위해서는 무의식적 자아가 우리의 모든 기능을 총괄하는 관리자라는 사실을 아는 것만으로도 충분하다.

앞에서 말했듯, 신체 장기 중에 기능이 좋지 못한 어떤 것이 있다면 그 장기가 곧 제 기능을 수행할 거라고 믿으면 된다. 그러면 장기는 즉각적이고 계속적인 명령을 수행하여 마침내 정상적인 기능을 회복한다. 이것은 암시가 어떻게 출혈을 멈추고 변비를 낫게 하며, 종양을 없애고 마비 증세, 결핵성 장애, 정맥류 궤양을 치료하는지 간단하고 명확하게 설명해준다.

　구강 출혈 사례를 예로 들어보겠다. 평소 알고 지내던 치과 의사가 진료를 하는 모습을 지켜볼 기회가 있었다. 환자는 8년간 천식을 앓다가 내 요법으로 완치된 젊은 여성이었는데, 이 날은 이를 뽑기 위해 치과에 왔다. 나는 그녀가 매우 민감한 체질이라는 것을 알고 있었기 때문에 수술을 두려워하지 말라고 조언했다. 그녀는 내 조언을 흔쾌히 받아들였고, 수술 날짜를 잡았다. 수술 당일 날, 나는 그녀 앞에 서서 시선을 고정하고 암시를 걸었다.

　"당신은 어떤 고통도 못 느낍니다."

　그리고 치과 의사에게 신호를 보내자, 그는 즉시 이를 뽑았다. 이가 빠지면서 출혈이 일어났다. 나는 치과 의사에게 지혈제를 쓰지 말고 암시를 걸자고 했다. 그리고 환자에게 나를 바라보게 하고 2분 후면 피가 멈출 것이라는 암시를 걸고 결과를 기다렸다. 그러자 그녀가 한두 번 피를 뱉고 나서는 더 이상 출혈이 없었다. 이가 뽑힌 자리에는 핏덩어리가 굳어 있었다.

　이런 현상을 어떻게 설명할 수 있을까? 원리는 간단하다. '출혈이 멈출 것이다.'라는 생각의 영향을 받으면, 무의식은 수많은 동맥과 정맥의 모세혈관에 혈류를 멈추라고 지시한다. 명령을 받은 모세혈관들은 자연스레 수축된다. 출혈 시 혈관을 수축시키는 아드레날린의 작용과 같다.

종양을 없애는 방법도 위와 같은 식으로 설명할 수 있다. '사라질 것이다.'라는 생각을 무의식이 받아들이면, 뇌는 종양에 영양을 공급하는 동맥 혈관에 수축을 명령한다. 이 지시에 따라 동맥 혈관이 영양 공급을 중단하면 결국 영양분을 빼앗긴 종양은 죽게 된다.

자기암시로 하는 정신 질환 치료

신경쇠약은 앞에서 제시한 자기암시법을 계속해서 행하면 대부분 완치된다. 여러 치료법을 썼는데도 낫지 못했던 환자들이 이 요법을 통해 완치될 때마다 나는 매우 기쁘고 뿌듯하다.

룩셈부르크의 한 병원에서 한 달 동안 치료를 받았으나 아무런 효과를 보지 못한 어떤 환자는 자기암시를 하게 된 후 6주 만에 완치되었다. 자신이 세상에서 가장 비참한 사람이라고 여기던 그는 이제 완전히 다른 사람이 되어 행복한 하루하루를 보내고 있다. 병이 재발할 일도 없어 보인다. 나는 그에게 의식적 자기암시의 시행 방법을 알려주었고, 그는 놀라울 정도로 잘 실천해가고 있다.

나는 자기암시가 정신적·육체적 질병을 치료하는 데 유용하므로, 커다란 사회봉사의 기회를 제공할 수도 있다고 생각한다. 소년원에 간 청소년들을 교화시키는 경우가 그 예이며, 실증 사례도 있다.

두 가지 예를 들기 전에, 정신 질환을 치료하는 데 자기암시가 어떻게 작용하는지 이해를 돕기 위해 한 가지 비유를 하겠다. 뇌를 나무판이라 가정하고 이곳에 우리의 행동을 결정하는 의식이나 습관, 본능이라는 못을 박는다고 하자. 교정이 필요한 사람에게서 좋지 않은 생각과 습관, 본능이 박힌 곳을 발견하면 그 자리에 좋은 생각과 습관, 본능이라는 새 못을 꺼내 박아 넣는다. 즉 암시를 거는 것이다. 새 못이 1cm 박히면 예전 못은 그만큼 빠져나온다. 망치로 한 번 내려칠 때마다, 즉 암시를 걸 때마다 새 못은 점점 더 깊이 박히고 예전 못은 더 많이 빠져 나온다. 결국 예전 못은 완전히 빠지고 그 자리는 새 못으로 교체된다. 그러면 새로운 생각과 습관, 본능을 따르는 새 사람으로 변하게 된다.

그럼 이제 예를 들어보겠다. 열한 살 난 어떤 소년은 유아 때부터 밤낮으로 소변을 지렸다. 게다가 물건을 몰래 훔치고 거짓말까지 했다. 나는 이 소년의 어머니에게서 의뢰를 받고 암시법을 쓰기로 했다. 처음 방문하고 나자 낮 동안 소변을 지리는 증세는 사라졌으나 밤에는 계속되었다. 그러던 것이 점차 횟수가 줄어들었고, 몇 달이 지나자 증세는 완전히 없어졌다. 동시에 도벽 기질도 줄어들더니 6개월 후에는 완전히 사라졌다.

소년에게는 여덟 살이 더 많은 형이 있었는데, 그는 남동생을 심하게 미워했다. 술을 많이 마시면 칼로 동생을 찌르고 싶은 충동에 사로잡히곤 했다. 언젠가 그 일을 저지르게 된다면 후회할 거라는 사실도 이미 알고 있었다. 나는 동생과 마찬가지로 형에게도 암시를 걸었다. 결과는 놀라울 정도였다. 그는 첫 치료로 완치되었다. 동생을 미워하는 감정이 완전히 사라졌고, 그 후로 형제는 사이좋게 잘 지내게 되었다. 지금까지 꾸준히 지켜본 결과, 치료가 영구적이라는 생각이 들었다.

나는 이런 결과를 얻을 수 있는 자기암시법을 소년원에서 시행하는 일이 유익할 뿐만 아니라 반드시 필요하다고 생각한다. 비행청소년들에게 매일 자기암시법을 행하면 50% 이상이 교화될 수 있다고 확신한다. 정신적으로 타락한 그들을 건강한 사회 구성원으로 만드는 일이야말로 엄청난 사회봉사가 아니겠는가?

혹시 자기암시가 악한 목적으로 사용될 우려가 있어 위험하다고 꺼리는 사람도 있을지 모른다. 그러나 그런 근거는 타당하지 못하다. 암시법의 시행은 신뢰할 수 있는 정직한 시술자나 소년원의 의사들이 담당하기 때문이다. 게다가 악한 목적으로 암시를 쓰려고 한다면 암시를 걸게 허락할 사람이 누가 있겠는가?

사실이 아니지만 암시가 위험이 따른다는 점을 인정한다 치자. 그렇다면 사람들이 일반적으로 사용하는 화약, 철도, 배, 전기, 자동차, 비행기 등은 위험이 수반되지 않는가? 의사나 약사가 부주의하게 약을 잘못 처방하여 환자에게 피해를 주는 경우도 있지 않은가?

결론

우리 내부에는 무한한 힘의 근원이 있다. 이 힘은 무의식적으로 사용할 때는 말을 안 듣는 아이처럼 제멋대로 군다. 하지만 지혜롭게 의식적으로 다루며 자신을 제어한다면 신체적·정신적 질병에서 벗어날 수 있을 뿐 아니라, 어떤 환경에 처하든지 행복한 삶을 가꿔나갈 수 있다.

마지막으로 자기암시는 바른 길에서 벗어나 방황하는 이들의 정신을 되찾기 위해 우선적으로 행해야 할 것이다.

Chapter 2

자기 암시의
치료 사례

열여섯 살인 D양은 몇 년간 신경 발작 증세를 보였다. 처음에는 가끔씩 일어났으나 점차 발작 간격이 짧아졌다. 하지만 1917년 4월 1일에 나를 처음 찾아온 후로 2주 동안 세 번밖에 발작을 하지 않았고, 3주째는 발작이 아예 일어나지 않았다. 이 소녀는 치료를 시작한 이후로 지독했던 두통에서도 벗어날 수 있었다.

환자들의
치료 사례

The Suggestion and
Auto Suggestion

자기암시로 병이 치료된 사례를 보면 명확하게 그 효과를 알 수 있을 것이다. 지금까지 치료한 환자들을 모두 열거하기에는 너무 사례가 많으므로, 대표적인 몇 가지를 들도록 하겠다.

D양은 8년 동안 천식을 앓았다. 그녀는 계속되는 기침으로 제대로 눕지도 못한 채 밤을 지새우곤 했다. 나는 예비 실험을 통해 그녀가 매우 예민하다는 것을 알아차렸다. 그래서 암시를 걸었고, 그녀는 바로 잠이 들었다. 첫 치료로 큰 진전이 있었다. 약 15분 정도 천식 발작이 있었을 뿐, 그 후로는 잘 수 있었다. 단기간의 치료를 거쳤는데도 천식은 완전히 사라졌고 증상은 재발되지 않았다.

M씨는 섬유 공장에서 일했다. 그는 척추와 고관절을 다쳐서 2년 전에 하반신이 마비되었다. 혈액 순환이 거의 이루어지지 않아 몸은 붓고 피부는 팽창되어 변색돼 있었다. 물론 몇 가지 치료를 받아보았지만 별다른 성과가 없었다.

예비 실험은 성공적이었다. 8일 동안 계속해서 암시법을 시행하자 미세하게나마 왼발이 움직였다. 암시를 계속하자 8일 후에는 눈에 띄게 좋아졌다. 그 후 1주 혹은 2주 간격으로 한 번씩 암시법을 시행했고, 몸의 부기가 점점 빠졌다. 11개월 후(1906년 11월 1일), 환자는 혼자 침대에서 내려와 800m를 걸었다. 1907년 7월, 예전에 근무했던 공장으로 복귀하여 병의 재발 없이 열심히 일하고 있다.

A씨는 오랫동안 장염을 앓아왔다. 여러 가지 치료를 해보았지만 소용이 없었다. 정신적으로도 좋지 않은 상태여서 자주 삶을 비관하고 우울해하며 사람들과도 잘 어울리지 않고 자살하려는 충동에 빠졌다.

예비 실험은 쉽게 이루어졌고 이날 상당한 변화를 보였다. 그 후 3개월간 매일 아침에 일어나자마자 자기암시를 했고, 점차 그 간격을 넓혀갔다. 결국 그는 완치되었고 장염도 깨끗이 사라졌다. 정신 상태도 회복되었다. 이후 12년 동안 재발되지 않았고, 치료는 영구적인 것으로 보인다.

G씨는 자기암시의 효과를 극명하게 보여준 사람이다. 나는 신체적인 면과 정신적인 면을 동시에 고려하여 암시법을 시행했다. 그는 매일 자신감이 늘었다. 직장에서도 우수한 사원이었던 그는 집에도 기계를 설치해서 돈을 벌었다.

그로부터 얼마 후, 실적을 눈으로 직접 확인한 공장주는 능력을 인정하고 그가 원했던 기계를 직접 대주었다. 뛰어난 기술 덕택에 그는 평직원보다 훨씬 높은 업무 성과를 냈고, 그 결과에 만족한 고용주는 계속해서 기계를 대주었다. 그저 평직원에 불과했던 그가 자기 암시로 기계를 책임지고 맡는 관리자가 되었다.

서른 살인 D부인은 폐결핵 말기였다. 매일 특별 보양식을 먹어도 점점 더 여위어갔다. 계속되는 기침과 가래로 자주 호흡 곤란을 일으켰다. 겉으로 봐도 살날이 얼마 안 남은 것 같았다. 예비 실험을 해보니 그녀는 대단히 예민한 체질로 드러났다.

암시를 걸자 곧바로 효과가 나타났다. 이튿날 병의 증세가 호전되기 시작했다. 회복이 빠르게 진전되어 보양식 없이도 살이 붙었고 몇 달 후 그녀는 거의 완치되었다. 치료가 끝난 후 8개월이 지난 어느 날 (1911년 1월 1일) 그녀의 편지를 받았다. 임신을 했고 건강하게 잘 지낸다는 내용이었다.

우체국 직원인 X씨는 1910년 1월, 사고로 아이를 잃었다. 그 후로 그는 대뇌 장애에 걸려 신경성 경련 증세로 고통을 겪고 있었다. 그해 6월에 그의 삼촌이 X씨를 데리고 찾아왔다. 그래서 예비 실험을 해서 암시를 걸었다. 4일 후 다시 찾아온 그는 경련 증세가 사라졌다고 말했다. 나는 암시를 걸고 나서 8일 후 다시 찾아오라고 했다.

하지만 한 달이 지나도 나타나지 않았다. 그 후 삼촌이 찾아와서 조카에게 건강하게 잘 지낸다는 편지를 받았다고 전해주었다. 예전에는 경련 증세 때문에 전보를 칠 수가 없었지만, 이제는 170 단어가 쓰인 전보를 쉽게 쳐서 보냈다고 했다. 전보가 더 길어도 아무 문제없이 보낼 수 있다는 추신과 함께. 그 후로 재발은 없다.

Y씨는 7년 전부터 신경쇠약과 혐오증, 신경성 불안증, 위장 장애 등으로 고생했다. 그는 숙면을 취하지 못하고 우울증과 자살 충동에 시달렸다. 걸음걸이는 술에 취한 듯 비틀거렸으며, 머릿속은 항상 문젯거리로 가득했다. 지금까지 시도한 모든 치료는 효과는커녕 증세만 점점 더 악화시켰다. 특별 요양 센터에도 가봤지만 낫지 않았다.

1910년 10월 초, Y씨가 나를 찾아왔다. 예비 실험은 비교적 쉽게 이루어졌다. 나는 그에게 자기암시의 원리와 의식적·무의식적 자아에 대해 기본적인 설명을 해주고 암시법을 시행했다. 처음 2~3일간은 암시법을 이해하는 게 다소 힘들어 보였다. 그러나 어느 순간 전체적인 개념을 잡기 시작했다.

나는 암시를 걸었고, 그도 날마다 자기 스스로 암시를 걸었다. 그후 병이 나아지는 속도가 점점 빨라지더니 달포가량 후 완치되었다. 자신이 세상에서 가장 불행하다고 여기던 그는 이제 가장 행복한 사람이라고 생각할 정도로 완전히 바뀌었다.

E씨는 관절염을 앓았다. 그는 오른쪽 발목에서 일으키는 염증과 그로 인한 심한 통증 때문에 걸을 수가 없었다. 그는 예비 실험에서 매우 민감한 체질로 판명되었다. 첫 치료를 받은 후에는 지팡이를 짚지 않고 마차까지 걸어갔다. 통증이 사라진 것이다. 다음 날 방문하라고 했지만 나타나지 않았다.

그러던 중 그의 아내가 찾아왔다. 남편이 치료를 받고 온 다음 날 아침, 잠자리에서 일어나더니 자전거를 타고 뒤뜰로 갔다고 했다. 그 말을 듣고 내가 얼마나 놀랐는지 말하지 않아도 알 것이다. 더 이상 치료를 받으러 오지 않았기 때문에 소식을 들을 수 없었는데, 나중에 재발 증상이 없다고 전해 들었다.

T부인은 신경쇠약, 소화 불량, 위경련, 장염 증세와 전신의 통증을 호소했다. 몇 년 동안 여러 방법을 써봤지만 효과를 볼 수 없었다. 나는 그녀를 암시법으로 치료하기 시작했고, 그녀 스스로도 매일 자기암시를 했다.

그녀는 첫날부터 눈에 띄는 진전을 보였고, 특별한 이상 없이 병세는 계속 호전됐다. 현재 T부인은 정신적·신체적으로 모두 건강하며, 특별한 약물 치료는 하지 않는다. 경미하게 느껴지는 장염 증세를 제외하고 병세는 대부분 사라졌다.

T부인의 동생 X부인 또한 심한 신경쇠약에 시달렸다. 한 달 중 보름가량은 침대에 누워 지내야 했고, 몸을 움직이거나 일을 할 수도 없었다. 식욕이 있을 리 없었고 우울증과 소화불량에도 시달렸다. 하지만 그녀는 첫 치료에서 완치되었고, 그 후로도 재발하지 않았다.

H부인은 몸 전체에 습진이 퍼져 있었고, 특히 왼발에 증세가 심했다. 양쪽 다리의 발목 부위는 심한 염증과 통증으로 인해 걷기가 불편했다. 나는 그녀에게 암시법을 시행했다. 그날 저녁 H부인은 수백 미터를 지치지 않고 걸을 수 있었다. 다음 날 다리와 발목의 부종이 점점 빠지기 시작했고 그 후로 재발은 없었다. 습진 역시 빠르게 없어졌다.

P부인은 신장과 무릎에 통증을 느꼈다. 10년 전부터 시작된 통증은 매일 악화되었다. 하지만 암시법으로 치료를 받고 스스로 자기암시를 하자 즉각 증상이 호전되었다. 치유는 급속도로 이루어졌고, 지

금까지 계속 건강을 유지하고 있다.

　Z부인은 1910년 1월, 폐울혈(폐혈관 내의 혈액이 증가한 상태)에 걸린 뒤 증세가 두 달간 계속 악화되었다. 전반적으로 몸이 약해지고 식욕도 줄었으며 소화도 안 됐다. 장 기능이 현저히 저하되었고 밤에는 불면 증에 시달렸으며 식은땀이 자주 났다. 하지만 첫 암시법을 시행한 후 기분이 훨씬 나아졌다고 했다. 이틀 후에 다시 찾아오더니 증세가 더 많이 좋아졌다고 했다.

　그 후 병세는 거의 사라졌고 신체 장기는 정상적인 기능을 회복했 다. 그녀는 식은땀이 나려고 할 때마다 의식적 자기암시를 써서 예방 했다. 현재 Z부인은 건강한 삶을 즐기고 있다.

　X씨는 10~15분 정도 대화를 하면 실어증 증세를 보였다. 여러 의 사에게 진찰을 받아보았지만 목에는 아무 문제가 없었다. 그중 한 의 사가 후두의 노화로 인한 증세인 것 같다고 하자, X씨는 치료가 불가 능하다고 단정 지어버렸다. 그는 휴가를 이용해 낭시로 왔는데, 내가 아는 어떤 부인에게서 암시법을 소개받았다.

　처음에는 믿기지 않는다며 거절하다가 한번 해보자고 마음먹고는 나를 찾아왔다. 나는 그에게 첫 암시를 시행한 후 이틀 후에 다시 오 라고 했다.

약속일에 찾아온 그는 전날 있었던 일을 들려주었다. 오후 내내 계속 말을 했어도 별다른 증세 없이 자연스럽게 말할 수 있었다는 것이다. 다시 이틀 후에 찾아온 그는 말을 오래하고 노래까지 불렀지만 아무 이상이 없었다고 했다. 치료는 계속 진행 중이며, 앞으로 더 좋아지리라 본다.

열세 살인 B군은 1912년 1월에 입원했다. 호흡 이상 증세와 심장병을 앓던 소년은 숨을 쉬기 곤란할 때가 많았고, 걸음은 매우 느리며 오래 걷지 못했다. 담당 의사도 부정적인 견해를 보였다. 2월에 퇴원한 이후로 병세는 아무런 차도가 없었다.

가족 친구의 소개로 나를 찾아온 소년은 보기에도 거의 가망이 없는 상태였다. 그런데 예비 실험은 놀랍게도 성공적이었다. 나는 소년에게 암시를 건 후, 스스로 암시를 하라고 일러주며 이틀 후에 다시 오라고 했다.

이틀 후에 나타난 소년은 놀랄 정도로 달라져 있었다. 호흡과 걸음걸이가 눈에 띄게 좋아졌다. 나는 다시 암시를 걸었고, 다시 이틀이 지나 찾아왔을 때 소년의 상태는 더욱 호전되었다. 그렇게 매번 찾아올 때마다 좋아졌고 호전 속도도 빠른 편이었다. 첫 치료 후 3주가 지나자 소년은 엄마와 함께 마을 언덕도 걸어 올라갈 수 있었다. 호흡도 정상적으로 돌아왔다. 걸을 때나 계단을 오를 때도 숨이 차지 않았다. 전에는 불가능한 일이었다.

그렇게 증세가 꾸준히 호전되어 가던 어느 날, 소년은 할머니 댁에 갔다. 소년은 그곳에 가서도 때때로 소식을 전해왔다. 몸은 더욱 건강해졌고 밥도 잘 먹고 소화도 잘된다고 했다. 가슴이 조이는 통증도 완전히 사라졌다. 다른 사람처럼 잘 걸어 다닐 뿐만 아니라 나비를 쫓아 동네를 뛰어다니기도 한다.

10월에 다시 찾아왔을 때 소년은 거의 알아보지 못할 정도로 변해 있었다. 3월에 진료소를 떠날 때는 자세도 구부정하고 발육 상태도 나빴는데, 이제는 허리도 곧고 키도 큰 소년이 되어 있었다. 그리고 얼굴에는 건강한 빛이 넘쳐흘렀다. 키는 19cm 정도 더 자랐고, 몸무게는 10kg 늘었다. 그 후로도 소년은 건강하게 생활하며 살아가고 있다. 계단도 마음껏 오르내리고 자전거도 타며 친구들과 축구도 한다.

열세 살인 X양은 결핵으로 관자놀이 부위에 염증이 생겼다. 1년 반 동안 여러 치료법을 써봤지만 효과가 없었다. 그러다 보두앵 박사를 찾아갔다. 그는 소녀에게 암시법을 시행했고, 일주일 내로 다시 찾아오라고 했다. 소녀가 다시 찾아왔을 때 염증은 치료된 상태였다.

Z양은 오른쪽 무릎에 난 종기 제거 수술을 받고 신경이 굳은 채로 17년을 살았다. 그래서 보두앵 박사를 찾아가 암시법으로 치료를 받

기로 했다. 암시를 걸자 다리가 정상적으로 구부려지고 펴졌다. 그녀의 경우에는 심리적인 원인이 컸다.

쉰다섯 살인 우뱅 마리 부인은 1년 반 전부터 정맥류 궤양을 앓고 있었다. 1915년 9월에 처음으로 암시를 받고, 일주일 뒤에 다시 방문했다. 그녀는 2주 후 완치되었다.

열 살인 에밀 세누는 원인을 알 수 없는 심장 조직 증식증을 앓았다. 매일 밤 구강에서 출혈이 났다. 1915년 7월에 첫 치료가 이루어졌고, 그 후로 몇 차례 방문한 후에 출혈 증상이 점차 줄어들더니 11월경에 완전히 사라졌다. 증세도 사라졌고 1916년 8월까지 재발되지 않았다.

마흔여덟 살인 하조 씨는 1915년 1월 15일에 특수 만성 기관지염이라는 진단을 받은 이래로 증세가 날마다 악화되었다. 1915년 10월에 처음으로 나를 찾아왔다. 암시법 시행 후 증세는 곧바로 호전되었고, 상태를 잘 유지하고 있다. 아직 완치는 안 됐지만 건강 상태는 훨씬 좋아졌다.

B씨는 24년간 전두동(앞머리뼈 속에 있는 굴)에 생긴 질환으로 열한 차례 수술을 받았다. 그럼에도 질환은 사라지지 않았고, 참을 수 없는

통증에 시달리고 있었다. 환자의 몸은 보기에도 안타까울 정도로 최악의 상태였다. 안 아픈 데가 한 군데도 없을 정도로 통증이 끊이지 않았고 식욕도 없었다. 걸어 다니거나 책을 읽거나 잠을 잘 수도 없었다. 정신 상태도 몸만큼 좋지 않았다.

여러 병원을 전전하며 치료를 받아보았으나 증상이 호전되기는커녕 점점 악화되었다. 암시법으로 치료된 다른 사람의 권유를 받고서 1915년 9월에 나를 찾아왔다. 암시법을 실시한 이후로 빠른 호전을 보였으며, 이후 매우 건강한 상태가 되었다. 삶을 되찾은 것이다.

열여덟 살인 나겐가스트는 포트병(척추 카리에스 : 결핵균이 척추에 감염을 일으켜 생긴 질병)을 앓고 있는 환자였다. 1914년 초에 처음 방문한 그는 여섯 달 동안 깁스코르셋을 두르고 있었다. 나를 만난 후 권유에 따라 일주일에 두 번 정기적으로 아침과 밤에 자기암시를 걸었다. 곧 효과가 나타났고 깁스 없이도 지낼 수 있게 되었다. 1916년 4월에 그를 다시 만났을 때는 병에서 완전히 회복된 상태였고, 우체부로 성실히 일하고 있었다.

D씨는 왼쪽 눈꺼풀이 마비되어 병원에 가서 주사를 맞았다. 그러자 눈꺼풀이 올라가고 왼쪽 동공이 45도 정도 바깥으로 돌아갔다. 수술이 불가피해 보였다. 그런 상황에서 그가 나를 찾아왔고 자기암시

덕택에 눈은 조금씩 정상적인 위치로 돌아왔다.

L부인은 10년 동안 오른쪽 안면의 통증으로 계속 고생했다. 여러 의사들의 상담과 처방을 받았지만 효과가 없었다. 그들은 수술이 필요하다고 판단했다. 그녀는 1916년 7월 25일에 처음으로 나를 방문했고, 증세가 빨리 호전되었다. 열흘이 지나자 통증은 완전히 사라졌고 12월 20일까지 재발은 없었다.

여덟 살인 모리스는 발 지지대를 착용했다. 첫 수술로 왼발은 거의 치료되었으나 오른발은 계속 절뚝거렸다. 두 차례 연속 수술을 받았으나 효과가 없었다. 이 소년은 1915년 2월에 처음 나를 찾아왔다. 지지대 덕분인지 꽤 잘 걷는 편이었다. 처음 만나고서 바로 진전이 보였다. 2차 진료 후, 일반 신발을 신고도 걸을 수 있었다. 몸의 상태는 눈에 띄게 좋아졌고 4월 17일경에 정상적으로 회복되었다. 그러나 1916년 2월에 오른발을 삔 후로 회복 상태가 조금 느려졌다.

X양은 사고 이후 왼발에 염증이 생겼다. 그 후 발을 삐어서 환부가 부어오르고 통증이 따랐다. 여러 치료를 받았지만 효과는 없었다. 그러는 동안 환부가 곪고 시리는 증세를 보였는데, 치료를 받아도 걷기가 고통스럽고 힘들었다. 그러다 내게 암시를 받고 치유된 환자의

권유로 나를 찾아왔다. 처음 암시법으로 치료를 받자, 증세가 눈에 띄게 완화되었다. 조금씩 부기가 가라앉고 통증 정도도 점점 수그러 들었다. 화농도 줄어들고 마침내 통증이 사라졌다. 몇 개월간 암시를 건 결과, 발은 거의 회복되었고 통증과 부종은 완전히 사라졌다. 하지만 발뒤꿈치 관절의 굴곡이 조금 어긋나 있기 때문에 약간 절름거리며 걷는다.

R부인은 10년 전부터 자궁염을 앓았다. 1916년 7월 말에 처음으로 나를 찾아와서 암시를 받았다. 바로 회복되는 기미를 보였고, 통증과 출혈 증상은 빠르게 줄어들었다. 9월 29일 방문 때 검사를 하니 병세가 거의 회복된 상태였다. 일주일에서 열흘씩 있었던 생리도 사흘 정도로 줄었다.

마흔아홉 살인 H부인은 1914년 9월부터 정맥류 궤양으로 고통받았다. 의사의 처방에 따라 치료를 받아도 효과를 보지 못했다. 특히 하지 정맥류 증세는 심각했다. 궤양도 뼈 근처까지 파고 들어간 상태여서 염증은 매우 심했고 화농이 환부를 뒤덮었다.

부인은 1916년 4월에 처음으로 나를 찾아왔는데, 첫 치료 후 눈에 띌 만큼 좋아졌다. 증세는 계속 호전되었다. 1917년 2월 18일이 되자 부종은 완전히 가라앉았고 끊임없이 괴롭히던 통증도 사라졌다. 궤양 자국이 남아 있었지만, 점점 줄어들더니 1920년에 이르러서 완치되었다.

열여섯 살인 D양은 몇 년간 신경 발작 증세를 보였다. 처음에는 가끔씩 일어났으나 점차 발작 간격이 짧아졌다. 하지만 1917년 4월 1일에 나를 처음 찾아온 후로 2주 동안 세 번밖에 발작을 하지 않았고, 3주째는 발작이 아예 일어나지 않았다. 이 소녀는 치료를 시작한 이후로 지독했던 두통에서도 벗어날 수 있었다.

1916년 말에 찾아온 M부인은 머리가 깨지는 듯한 두통에 계속 시달렸다고 했다. 몇 번 암시법으로 치료를 받자 두통은 완전히 사라졌다. 그런데 암시법 시행 후 두 달이 지나자 자궁 탈수증도 나았다는 것을 알게 되었다. 사실 그녀는 이 증세를 내게 말하지 않았고, 암시법을 실행할 때도 특별히 이것에 대해 생각하지 않았다. 그런데도 나을 수 있던 이유는, 아침과 밤에 반복하는 암시 구절 중에 '모든 면에서'라는 말이 포함되었기 때문이다.

D부인은 1916년 7월의 첫 치료에서 암시를 한 번 받고서 아침과 밤에 스스로 자기암시를 시행했다. 그리고 같은 해 10월, 20년간 앓아온 자궁 탈수 증상에서 벗어날 수 있게 되었다고 했다. 1920년 4월

검진 결과, 건강한 상태라고 판명되었다. D부인 또한 암시를 시행할 때 '모든 면'에서라고 반복한 게 효과를 발휘했다.

예순 살인 조셀린 부인이 1917년 7월 20일에 나를 처음 찾아왔을 당시, 오른발에 심한 통증이 있었고 다리 전체가 상당히 부었다. 끙끙거리는 신음을 내면서 겨우 지내다가 강연에 참석한 이후 스스로도 놀라울 정도로 통증을 거의 느끼지 않고 정상적으로 걷게 되었다. 나흘 후 다시 찾아왔을 때 통증은 재발되지 않았고 부종도 가라앉은 상태였다. 그녀는 자기암시를 하면서부터 오랫동안 고통을 주었던 냉증과 장염까지 나았다고 했다. 11월 현재, 건강을 잘 유지하고 있다.

열다섯 살인 G양은 유아기부터 말을 더듬는 증상이 있었다. 1917년 7월 20일에 받은 첫 치료로 증상은 바로 없어졌다. 한 달 후에 다시 봤을 때도 재발 증상은 특별히 없었다.

예순 살인 페리 씨는 5년 동안 어깨와 왼발에 류머티즘성 통증을 앓았다. 지팡이에 의지해서 걷기가 무척 힘에 부쳤고 팔은 어깨 위로 들어 올릴 수조차 없었다. 처음 방문한 때는 1917년이었다. 자기암시를 하고 나서 통증이 완전히 사라졌다. 이제는 보폭을 크게 할 뿐만 아니라 뛰기까지 한다. 게다가 풍차를 돌리듯이 두 팔을 힘차게 돌린다. 현재 건강 상태는 매우 양호하다.

예순세 살인 L부인은 20년 전부터 안면에 통증을 느꼈다. 온갖 치료를 다 받아봤지만 결과는 좋지 않았다. 수술을 권고받았지만 거절했다. 1916년 7월 25일에 나를 처음 방문했고 정확히 나흘 후 통증이 멈췄다. 현재까지 치료는 잘 이뤄지고 있다.

마틴 부인은 13년간 자궁염을 앓았다. 통증과 냉증이 심했다. 생리는 22~23일 주기로 10~12일 동안 계속되었으며, 생리통이 매우 심했다. 1917년 11월 15일 첫 방문 후, 일주일에 한 번씩 정기적인 치료를 받고 있다. 첫 치료 후 상태는 눈에 띄게 좋아졌고 1918년 1월 초까지 병세는 계속 호전되었다. 염증은 완전히 사라졌고 생리는 규칙적이며 생리통은 전혀 없다. 13년 동안 계속되던 무릎 통증에서도 벗어날 수 있었다.

마흔한 살인 가스텔리 부인은 13년간 오른쪽 무릎에 간헐적인 류머티즘 통증을 느꼈다. 그러다 최근 5년간 증상이 더욱 악화되어 다리 전체가 심하게 붓더니 하반신 위축 증세가 나타났다. 보행이 매우 힘들어 지팡이나 목발에 의지해 고통스럽게 걸음을 내딛는 게 고작이었다. 1917년 11월 5일에 처음 자기암시를 받고 목발과 지팡이 없이 바로 걸어 나갈 수 있었다. 그 후로 목발은 전혀 사용하지 않고 지팡이만 종종 사용한다. 간혹 무릎에 통증이 올 때도 있지만 아주 경미한 정도다.

메데 부인은 6개월간 오른쪽 무릎에 통증을 느꼈고, 다리가 부어 제대로 굽힐 수가 없었다. 1917년 12월에 첫 치료를 받았고, 1918년 1월 4일에 다시 방문했을 때는 더 이상 통증을 느끼지 않고 정상적으로 걸을 수 있었다. 그 후로 통증은 완전히 사라졌으며 환자는 다른 사람들처럼 걸을 수 있게 되었다.

자기암시는 아이의 교육에도 적용시킬 수 있다.

매일 밤 아이가 잠들 때까지 기다린 후, 조용히 아이 방으로 간다. 아이가 누워 있는 침대에서 1m 정도 떨어진 곳에서 건강이나 공부, 수면, 품행 등 아이에게 바라는 것들에 대한 암시를 15~20회 정도 나직이 중얼거리며 암시를 건다. 그 후 아이가 깨지 않도록 조심스럽게 방에서 나온다.

이런 과정을 통해 좋은 결과를 얻을 수 있다. 그 이유는 다음과 같다.

잠을 잘 때 몸과 의식은 소멸된 상태가 되지만, 반면 깨어 있는 무의식은 암시에 걸린다. 무의식은 아무것도 따지지 않고 듣는 대로 받아들인다. 결국 암시에 걸린 아이는 부모가 바라는 대로 의식이 형성 되는 것이다.

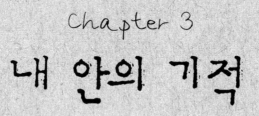

Chapter 3

내 안의 기적

상상은 고삐를 채우지 않은 말과 같다. 그런 말이 마차를 몰면 엉뚱한 일을 벌이다가 당신을 죽음으로 몰고 갈 수도 있다. 하지만 마구를 갖추고 몰면 당신이 가고자 하는 방향으로 달려갈 것이다. 마음은 상상하기 나름이다. 마음과 상상은 우리에게 바람직한 쪽으로 다뤄야 한다.

입을 움직여 자기암시를 걸면 무의식은 이를 명령으로 받아들인다. 우리가 인식하지 못하는 사이, 특히 밤에 명령을 수행한다. 그래서 밤에 실행하는 자기암시가 가장 중요하다. 그 결과는 놀랄 만하다.

에밀 쿠에 선생님께 경의를 표하며
버넷 프로뱅

The Suggestion and Auto Suggestion

1920년 9월의 어느 날, 나는 제네바에 있는 루소 인스티튜드의 교수인 샤를 보두앵의 책을 처음으로 접하게 되었다. 『암시와 자기암시』라는 책이었다. 저자는 자기암시법의 창시자이며 후원자인 에밀 쿠에 선생님께 무한한 감사를 드린다며 책을 바쳤다. 나는 책을 다 읽을 때까지 한순간도 내려놓을 수 없었다. 책에는 훌륭한 인도주의적 연구에 대한 설명이 담겨 있었다. 연구 이론은 모든 사람을 대상으로 하기 때문에 일반적이고 다소 식상하게 보일 수도 있었지만, 실행한다면 좋은 성과를 낼 듯했다.

20년간 끊임없이 연구를 거듭해온 에밀 쿠에는 낭시에 머물며 암시 이론의 아버지인 리에보의 연구와 실험을 진행했다. 그는 사람들에게 자기암시를 장려하기 위해서 20년 동안 혼자서 묵묵히 그 작업을 해왔다.

20세기 초, 쿠에는 연구 목표를 정한 후부터 경이로운 자기암시의 힘을 밝혀왔다. 그는 피시술자들과의 수많은 실험을 통해 무의식이 신체 장기에 미치는 작용을 보여줬다. 겸손하고 박학한 그의 방법은 치료가 불가능한 병으로 고통받는 환자들과 희망을 잃어버린 이들에게 새로운 치료법의 가능성을 열어주었다.

이곳에서 과학적 효능들을 세세히 설명하기는 어렵기 때문에 자기암시법을 설명하는 것으로 만족하겠다.

환자를 끊임없이 관찰하고 상태를 기록한 결과, 아침에 눈을 떴을 때와 잠들기 전에 자기암시를 하는 것이 가장 효과가 좋은 것으로 나타났다.

자기암시를 할 때는 두 눈을 감고 낮고 차분한 목소리로 반복해야 한다. 근육이 이완될 수 있도록 편안한 자세를 취해야 하며, 침대 혹은 안락의자에 앉아서 하면 좋다. 기도를 하는 것처럼 다음과 같은 마법의 구절을 읊조린다.

"나는 모든 면에서 날마다 점점 더 나아지고 있다."

이 구절을 스무 번 반복한다. 묵주 기도를 드릴 때처럼 끈에 매듭 20개를 만들어 하나씩 세어가면서 하면 좋다. 이렇게 하면 자동적으로 암송하는 데 도움이 된다.

무의식은 또박또박 내뱉는 한 마디, 한 마디를 기록한다. 어떤 특정한 사항들, 예를 들어 질병이나 당면한 문제들을 떠올리지 말고, 모든 게 잘되리라는 바람을 갖고 수동적으로 받아들인다. '모든 면에서'라는 말은 전반적으로 효과가 있기 때문이다.

이러한 바람은 열정과 의지가 아닌 부드러움과 절대적인 자신감을 갖고 말해야 한다.

에밀 쿠에는 자기암시를 할 때 어떤 식으로든 의지를 개입시키지 않았다. 의지를 사용하는 것이 아니라 상상을 써야 한다고 했다. 상상은 커다란 동기로 자극을 받으면 더욱 활발해진다.

훌륭한 상담가는 "자신감을 가지세요. 모든 것이 좋아진다고 굳게 믿으세요."라고 말한다. 이 말을 듣고 따르며 인내하는 이들은 모든 일이 좋아질 것이다.

자기암시법은 정말 놀라운 치료 효과를 보여주었다. 장염, 습진, 말더듬이, 실어증, 열한 번의 수술을 거친 전두동 질환, 자궁염, 난관염, 종양, 정맥류을 치료하는 데 모두 굉장한 효과를 발휘했다.

에밀 쿠에는 가장 최근 사례로 폐결핵 말기 환자를 들었는데, 서른 살 된 주부 환자는 완치 후 아이를 낳아 병의 재발 없이 건강하게 지내고 있다. 모든 사례들은 의사의 검증을 거친 것이었다.

이런 치료 사례들은 기적이라 할 수 있었다. 의술로 낫지 않는 질병들이었기 때문이다. 특히 폐결핵이 치료된 사례는 내게 계시를 주는 듯했다. 나는 지난 2년간 안면 신경증으로 인해 끔찍한 통증을 느꼈다. 4명 중 2명의 전문의가 치료 방법이 없다고 말해 자포자기한 상태였으며, 이런 좌절감이 문제를 더 악화시켰다. '방법이 없다' 는 말은 내게 최악의 암시였다.

하지만 산을 들어 옮길 수 있다는 믿음을 가지고 에밀 쿠에의 자기암시 구절인 "나는 모든 면에서 날마다 점점 더 나아지고 있다."를 나직이 읊조렸다. 그러던 어느 날 나는 갑자기 외투와 목도리를 벗어 던지고 비바람이 부는 정원으로 나갔다. 그리고 천천히 반복했다.

"나는 나을 것이다. 신경증은 없어질 것이다. 없어질 것이다. 그리고 다시는 걸리지 않을 것이다."

다음 날 신경증은 사라졌고, 이후에도 재발되지 않았다. 그간 말 못할 고통을 겪으며 집 밖으로 나오지도 못하는 생활을 해온 나로서는 기쁨으로 날 듯했다.

믿지 못하는 사람들은 신경성 때문이라고 할지도 모른다. 그렇다면 이 얘기는 어떤가? 기뻐한 나는 다시 자기암시를 시작했다. 안면 신경증 외에도 나을 가망이 없는 신장염으로 인해 왼쪽 발목이 부었기 때문이다. 하지만 자기암시를 하고 나서 이틀이 지나자 부종이 사라졌다. 나는 피로와 우울증에도 자기암시를 시도했고 놀랄 만한 효과를 봤다. 은인인 에밀 쿠에를 만나 감사의 말을 전하고 싶은 생각

뿐이었다.

그래서 낭시로 갔다. 에밀 쿠에는 선함과 정직함을 갖춘 훌륭한 사람이었고, 이후 내 가장 소중한 친구가 되었다.

나는 그가 실제로 자기암시를 행하는 진료소에도 갔다. 그는 나를 유명한 강연에 초대했다. 병이 나은 사람들이 하는 감사의 말들을 곁에서 들을 수 있었다. 폐에 외상을 입은 사람, 장기가 뒤틀린 사람, 천식, 척추 카리에스, 말기의 병을 앓은 환자들은 이미 다 회복된 상태였다.

몸이 뒤틀리고 꼬인 채로 의자에 앉아 있던 마비 환자도 자기암시를 행한 후 자리에서 일어나 걸었다. 치료하기 전에 쿠에는 자신감을 갖고, 그 자신감으로 몸과 마음을 꽉 채우라고 했다.

"스스로 낫는 법을 배워야 합니다. 당신은 그렇게 할 수 있습니다. 나는 아무도 치료한 적이 없습니다. 힘은 당신 안에 있습니다. 정신을 모아 그 힘을 신체적·정신적으로 바람직한 일에 쓰도록 하세요. 그러면 힘이 모여 좋지 않은 곳을 치료할 것입니다. 당신은 강해지고 행복해질 겁니다."

쿠에는 이렇게 말하고 나서 마비 환자에게 다가갔다.

"걸을 수 있다고 믿습니까?"

"네."

"좋아요, 그럼 일어나세요!"

환자는 그 자리에서 일어나더니 강연장 안을 한 바퀴 돌았다. 기적이 일어난 것이다.

척추 카리에스에 걸린 어린 소녀는 쿠에를 세 번 방문하고서 휘어진 척추가 곧게 펴졌다. 그 소녀는 한동안 자신이 무기력하다고 생각했는데 지금은 얼마나 행복한지 모르겠다며 활짝 웃었다.

폐의 외상이 치유된 3명의 여성들은 다시 직장에 나가고 정상적인 생활을 할 수 있어서 기쁘다고 했다.

환자들을 사랑하는 쿠에는 다소 멀리서 그들을 지켜보고 있는 것처럼 보였다. 그는 돈에 개의치 않았으며, 치료비도 받지 않았다. 내가 "선생님께 빚을 졌습니다."라고 하자, "아닙니다. 저는 다만 당신이 계속 잘해나가기를 바라며, 치료됐다는 것에 즐거움을 느낍니다."라고 답했다.

나는 이 순수한 박애주의자에게 끌렸다. 우리는 서로 손을 잡고 정원을 걸었다. 그가 매일 아침 일찍 일어나 마음을 갈고닦는 곳이었다. 채식주의자인 그는 연구 결과에 만족했다.

사람의 마음 안에는 무한한 힘이 내재되어 있다. 이 힘을 길들이는 방법을 알면 된다.

상상은 고삐를 채우지 않은 말과 같다. 그런 말이 마차를 몰면 엉뚱한 일을 벌이다가 당신을 죽음으로 몰고 갈 수도 있다. 하지만 마구를 갖추고 몰면 당신이 가고자 하는 방향으로 달려갈 것이다. 마음은 상상하기 나름이다. 마음과 상상은 우리에게 바람직한 쪽으로 다뤄야 한다.

입을 움직여 자기암시를 걸면 무의식은 이를 명령으로 받아들인다. 우리가 인식하지 못하는 사이, 특히 밤에 명령을 수행한다. 그래서 밤에 실행하는 자기암시가 가장 중요한 것이다. 그 결과는 놀랄 만하다. 신체적으로 통증을 느끼면 "사라진다."는 말을 덧붙인다. 매우 빨리 단조로운 목소리로 반복한다. 아픈 곳이 있으면 그곳에 손을 얹고, 정신적으로 괴롭다면 이마에 손을 얹는다.

자기암시는 특히 마음에 효과적으로 작용한다. 만약 몸을 위해 영혼의 도움을 구했다면, 환경적인 어려움에 부딪혔을 때는 마음에 도움을 요청할 수 있다. 경험으로 볼 때, 이 과정으로 큰 변화를 얻을 수 있다.

만일 오늘 당신이 이 사실을 알고 흥미를 느꼈다면 샤를 보두앵의 『정신적 힘의 문화』 혹은 쿠에의 소논문 『자기통제』를 읽으면 이보다 많은 것을 알게 될 것이다. 모든 연구 책자들은 쿠에가 사는 집에서 봤다.

당신이 이 글을 읽고서 그를 더 알고 싶다는 생각이 든다면 소논문을 읽어보라. 그러면 내가 느낀 것처럼 고귀한 자선을 펼치며 예수

의 가르침대로 이웃을 사랑하는 이 유일무이한 사람을 사랑하게 될
것이다.

　내가 병에서 치유되었듯이 당신도 신체적·정신적으로 좋아질 것
이며, 인생이 보다 더 아름답게 펼쳐질 것이다. 이것은 충분히 가치
있는 일이다.

버넷 프로뱅

Chapter 4

모든사람들을 위한
자기 암시

의식적 자기암시는 우리 마음속에 있는 모든 생각이 진실이며 현실화된다는 원리에 기초하고 있습니다. 그러므로 무엇을 원하든, 그 내용이 좋은 것이든 나쁜 것이든, 신체적인 것이든 정신적인 것이든, '이루어진다' 혹은 '사라진다'고 계속 반복하면 다소 시간이 걸리더라도 결국에는 그렇게 됩니다. 아침과 밤마다 "나는 모든 면에서 날마다 점점 더 나아지고 있다."라고 스무 번씩 반복하는 일반 암시 구절에는 이 모든 게 포함되어 있습니다.

에밀 쿠에 선생님의 가르침을 전하며
에밀 레옹

The Suggestion and Auto Suggestion

누군가가 좋은 혜택을 받고 이를 누릴 수 있다고 하자. 그런데 이 혜택은 모든 사람에게 돌아갈 수 있음에도 거의 대부분이 이를 모른다고 하자. 이런 상황이라면 그걸 아는 사람들이 주위 사람들에게 이를 알리는 것이 시급하고 절대적으로 필요하지 않을까?

누구나 에밀 쿠에의 자기암시법으로 놀라운 효과를 볼 수 있다.

그렇다면 자기암시법은 고통받는 사람들을 어느 정도까지 새 삶으로 이끌 수 있을까?

작년 4월, 파리에서 에밀 쿠에를 만나서 받은 가르침의 일부를 적어보겠다.

질문자 – 유신론에 대해 묻겠습니다. 자기암시에 의하면 하느님의 말씀에 복종하고 따르는 것은 가치가 없습니까?

쿠에 - 우리가 원하든 원하지 않든, 상상과 의지가 갈등을 겪을 때는 항상 상상이 의지를 지배합니다. 하지만 우리는 이성이 가리키는 올바른 길로 나아갈 수 있습니다. 무의식적으로 잘못된 길로 나아가는 대신 의식적이고 자동적인 과정을 거치는 것이지요.

질문자 - 네, 맞습니다. 높은 의식적 차원에서 행하는 의식적 자기암시는 우리 스스로 만든 장애물로부터 자유롭게 하는 힘이 있습니다. 장애물은 마치 방에 비치는 햇빛을 막는 커튼처럼 우리와 하느님 사이에 놓여 있는 것 같습니다. 그렇다면 고통받는 사람들이 이 요법을 어떻게 시작하면 좋겠습니까? 좋은 암시를 어떻게 시작하면 고통에서 자유로워질 수 있겠습니까?

쿠에 - 사람들에게 강요하거나 훈계하지 마십시오. 그들이 원하는 결과를 얻을 수 있다는 확신을 가지고 자기암시를 할 수 있게 만들면 됩니다.

질문자 - '잠이 든다, 사라진다'와 같은 말을 반복하면 효과가 있다는 것을 어떻게 설명해야 합니까? 반복의 효과가 확실하다는 것 말입니다.

쿠에 - 같은 말을 반복하면 그 말을 생각하게 됩니다. 그러면 사실이 되고 현실로 바뀝니다.

질문자 - 내적으로 자신을 통제하는 방법은 무엇입니까?

쿠에 - 자신을 통제하기 위해서는 그렇다고 생각하면 됩니다. 이를 생각하기 위해서 노력을 들이지 않고 자주 반복해야 합니다.

질문자 - 외적으로 자유를 지키는 방법은 무엇입니까?

쿠에 - 자기통제는 정신적인 것만큼 신체적으로 적용됩니다. 정신을 통제할 수 있다면, 곧 신체도 그렇게 되는 것입니다.

질문자 - (고개를 끄덕이며) 통제를 못하면 괴로움이나 슬픔을 피할 수 없습니다. 자기암시로 괴로움을 막을 수 없다면 어떻게 해야 합니까?

쿠에 - (진지하고 단정적으로) 물론 그렇게 되어서는 안 됩니다. 하지만 종종, 아니 한동안 일시적으로는 그럴 수 있습니다.

질문자 - 어째서 완치된 환자 중에서도 후에 끔찍한 발작이 일어나는 경우가 생기는 겁니까?

쿠에 - 발작을 예상하고 두려워하기 때문입니다. 스스로 그렇게 만드는 겁니다. 더 이상 발작이 일어나지 않을 거라고 마음먹는다면 건강해집니다. 정말 그렇게 됩니다.

질문자 - 자기암시법과 다른 요법과의 차이는 무엇입니까?

쿠에 - 우리를 규제하는 것이 의지가 아니라 상상이라는 점입니다. 이것이 기본이며 근본입니다.

질문자 - R부인에게 쓰신 요법을 정리해서 말씀해주시겠습니까? 누가 중요한 역할을 하고 있습니까?

쿠에 - 정리해서 말하면 이렇습니다. 그동안 배운 것과는 달리, 우리를 행동하게 만드는 것은 의지가 아니라 상상입니다. 즉 무의식이지요. 우리들은 평소에 할 수 있다고 생각하며 의지를 써서 행동합니다. 그러면 원했던 것과 반대로 하게 됩니다.

예를 들어 불면증에 걸린 사람이 잠을 청하려 하면 신경이 더 날카롭게 곤두섭니다. 잊어버린 이름을 기억해내려고 할수록 더 생각나지 않지만, '잊어버렸다'고 생각하면 다시 기억납니다. 웃음을 참으려고 할수록 더 웃음이 쏟아지고, 자전거를 배울 때 장애물을 피하려할수록 더 돌진하게 됩니다.

그래서 이처럼 우리를 조종하는 상상을 다루는 법을 알아야 합니다. 그렇게 하면 신체적으로도 정신적으로도 쉽게 자신을 통제할 수 있게 됩니다. 그렇다면 어떻게 이 결과에 도달할 수 있느냐? 바로 의식적인 자기암시를 통해서입니다.

의식적 자기암시는 우리 마음속에 있는 모든 생각이 진실이며 현실화된다는 원리에 기초하고 있습니다. 그러므로 무엇을 원하든, 그 내용이 좋은 것이든 나쁜 것이든, 신체적인 것이든 정신적인 것이든, '이루어진다' 혹은 '사라진다'고 계속 반복하면 다소 시간이 걸리더라도 결국에는 그렇게 됩니다. 아침과 밤마다 "나는 모든 면에서 날마다 점점 더 나아지고 있다."라고 스무 번씩 반복하는 일반 암시 구절에는 이 모든 게 포함되어 있습니다.

질문자 ─ 우울증으로 고통받는 사람들은 어떻게 하면 좋겠습니까?

쿠에 – 슬프다고 생각하는 한 기분이 좋아질 리 없습니다. 무언가를 생각하기 위해서는 노력하지 않고 '이것을 생각한다'고 말해야 합니다. 그러면 걱정이 매우 심했더라도 사라질 겁니다. 거의 확실합니다.

강연에 온 어떤 남자는 구부정한 몸을 고통스럽게 이끌며 지팡이를 짚고 있었다. 고통에 무감각해진 표정이었다.

강당이 사람들로 가득 차자 에밀 쿠에가 들어왔다. 쿠에가 남자에게 물었다.

"당신은 32년 동안 류머티즘으로 고생했고, 걸을 수도 없다고 했습니다. 두려워하지 마세요. 고통은 그리 길지 않을 겁니다."

예비 실험이 끝나자 쿠에가 다시 남자에게 말했다.

"눈을 감으세요. 소리 내어 빨리 '사라진다.'라고 말하세요."

이때 쿠에는 남자의 무릎을 20~25초 정도 어루만졌다.

"이제 당신은 고통스럽지 않습니다. 일어서서 걸으세요."

그러자 남자가 걷기 시작했다.

"빨리요! 더 빨리! 잘 걸으니 뛸 수도 있습니다. 뛰세요! 어서요!"

남자는 마치 어린 시절로 돌아간 듯이 즐겁게 뛰기 시작했다. 남자 스스로도 놀라워했고, 1920년 4월 27일 강연에 참석한 수많은 사람들도 놀랐다. 어느 중년 부인이 말했다.

"제 남편은 몇 년 동안 천식을 앓았습니다. 숨 쉬는 게 힘들어서

죽을지도 모른다고 생각했습니다. 담당 의사조차 포기했습니다. 그러던 남편이 쿠에 선생님을 한 번 뵙고서 완치되었습니다."

젊은 여성도 들떠서 감사의 말을 전하려고 쿠에를 찾았다. 그녀와 함께 참석한 의사 바쳇이 말하기를, 그녀는 몇 년 동안 대뇌 빈혈증을 앓았는데 어떤 방법으로도 치료가 안 됐다고 한다. 그런데 의식적 자기암시법을 쓰자 마법처럼 병이 사라졌다고 한다.

다리가 골절된 어떤 환자는 통증이 심해서 절뚝거리며 걸을 수밖에 없었는데, 그도 자기암시법을 써서 정상적으로 걸을 수 있게 되었다. 더 이상 통증을 느끼지도, 절뚝거리지도 않았다.

강당 안의 모두가 흥분으로 들떴다. 많은 사람들이 증세가 완화되거나 치료되었다는 즐거운 소식을 전했다. 어떤 박사는 "자기암시는 치유의 무기다."라고 말했다. 또한 어떤 철학자는 쿠에의 천재성을 신뢰했다.

어느 부인이 전직 장관에게 어떠냐고 묻자, 그는 감탄하며 "뭐라 말로 표현할 수 없습니다. 정말 존경할 만합니다."라고 대답했다.

통증이 사라져 건강을 되찾은 어떤 유명한 여성은 "오, 저는 쿠에 선생님 앞에서 무릎을 꿇을 수도 있습니다. 뭐랄까요, 자비로운 신과 같은 분이세요."라고 흥분된 목소리로 소리쳤다. 감동을 받은 어떤 여성은 "아니요, 그분은 신의 메신저예요."라고 말했다.

나이가 지긋한 어떤 아주머니가 말했다.

"나이가 들면 점점 약해지고 병이 생겼다고 느끼게 되는데, 그것이 날마다 새롭고 건강해진다는 마음으로 바뀌다니 참으로 기쁜 일입니다. 쿠에 선생님의 요법으로는 그런 일이 얼마든지 가능합니다. 제 자신이 이런 행복한 결과를 맞이함으로써 요법의 효과를 증명했다고 확신합니다. 저는 병이 완치되어 잘 지내고 있습니다. 우리 안에 있는 강력한 힘에 의지하기 때문입니다."

이때 어디선가 부드러운 목소리로 '마스터' 라고 부르는 소리가 들렸다. 이 호칭은 쿠에가 선호하는 것이었다. 한 젊은 여성이 압도되어 말했다.

"쿠에 선생님은 목적을 향해 똑바로 갑니다. 확신을 갖고 환자들이 고통에서 자유로울 수 있게 합니다. 선생님은 최고의 관용과 지식을 베풀어 환자들이 자유로울 수 있는 놀라운 힘을 깨닫게 합니다."

한 여성은 어느 문필가에게 이 은혜로운 요법에 대한 표현의 걸작을 만들어달라고 부탁했는데, 그는 "사라진다. 이것이야말로 걸작 중에 걸작이오."라고 일축했다.

증세가 호전되었거나 병이 나은 수많은 사람들이 쿠에의 자기암시법에 반론하지 않았다. 질병으로 고통받아 온 어떤 여성이 말했다.

"저는 자기암시법에 대한 설명을 읽는 동안 그 요법 자체가 무엇보다 우수하다는 사실을 깨달았습니다. 하나도 빼거나 덧붙일 게 없어요. 이제 남은 일은 이 요법을 널리 전하는 일입니다. 저도 가능하면 모든 방법을 동원해서 널리 전하도록 하겠습니다."

겸손한 쿠에는 사람들에게 말했다.

"제게는 자석이 없습니다. 그러므로 저는 영향력이 없습니다. 저는 아무도 치료하지 않았습니다. 그리고 제 제자들도 저와 같은 결과를 얻습니다. 저는 진심으로 제자들이 이 귀한 요법에서 배운 대로 자기암시법을 실행해갈 것이라고 말할 수 있습니다."

시간이 흘러 먼 미래가 되면 흥분하며 자기암시법을 가르치는 창시자의 목소리를 더 이상 들을 수 없게 될 것이다. 그 대신 자기암시법 그 자체가 헤아릴 수 없이 많은 사람들을 편안하게 하고 병에서 치유되도록 도울 것이다.

"자기암시는 영원불멸하며, 관용적인 프랑스인들을 통해 전 세계로 전해져야 한다."

어느 문필가의 이 말은 옳다. 그는 고통을 이기는 데 이처럼 간단하고 놀라운 도움을 주는 자기암시법을 어떻게 한마디로 표현할지 정확히 알고 있었던 것이다.

"사라진다. 이것이 걸작이오!"

1920년 6월 6일, 파리에서

에밀 레옹에밀 쿠에의 제자

Chapter 5

에밀 쿠에의
강연

자기암시는 바라는 것을 얻는다는 자신감과 믿음, 확신을 가지고 실행해야 합니다. 확신이 크면 클수록 더 빠르고 좋은 결과가 나타납니다. 나아가서, 낮이든 밤이든 신체적으로나 정신적으로 불편하다고 느낄 때마다 아픔이 모두 사라진다고 스스로 단언하십시오. 가능하면 혼자 조용한 곳으로 가서 편안한 자세를 취하세요.

청중과 호흡하는 강연

The Suggestion and Auto Suggestion

에밀 쿠에의 이름에 도시는 흥분한다. 사회 각계각층에서 그를 찾는 사람들은 누구나 똑같이 혜택을 받는다.

그의 강연에 가면 후반부에 이르러 목격하게 되는 광경에 가슴이 후련해진다. 고통에 짓눌려 우울해하던 사람들과 몸이 구부정하게 휘었던 사람들이 대부분 정상으로 변해 돌아가기 때문이다.

그들을 짓누르던 문제는 사라지고 대신 얼굴에는 의욕과 희망의 빛이 감돈다. 그들은 더 이상 고통을 느끼지 않는다.

쿠에의 강인하면서도 선량한 미소 속에 그가 지닌 비밀이 숨겨져 있다. 상담을 나눈 사람의 마음을 들여다보는 쿠에는 그들의 마음을 움직인다.

그는 많은 청중들을 향해 시선을 돌리며 대화를 시작한다.

"부인은 '왜, 무엇 때문에' 라는 말을 너무도 많이 합니다. 이제 통증을 없애는 방법을 가르쳐드리지요."

"당신은 벌써 정맥류 궤양 증세가 많이 좋아졌습니다. 이곳에 두 번 온 것치고는 매우 좋아요. 축하합니다. 앞으로도 자기암시를 계속 실행한다면 곧 완치될 겁니다. 10년 동안 궤양으로 고생했다고 했지요? 그게 무슨 문제겠습니까? 20년, 아니 그 이상이라 해도 나을 겁니다."

"당신은 아무것도 나아지지 않았다고 했지요? 왜 그런 줄 아세요? 단지 자신감이 부족하기 때문이에요. 내가 좋아졌다고 말하면 당신은 바로 좋아졌다고 느낍니다. 왜 그럴까요? 바로 나를 믿기 때문입니다. 마찬가지로 자신을 믿으면 같은 결과를 얻게 될 겁니다."

"부인, 그렇게 세세하게 토를 달지 마세요. 여러 증상들을 만들고 찾아내서 모든 병의 증세들을 일일이 늘어놓으려고 하네요. 문제는 부인의 올바르지 못한 관점에 있습니다. 좋아진다고, 그렇게 된다고 믿으세요. 복음서처럼 간단합니다."

"당신은 매주 신경 발작이 일어난다고 했지요? 오늘부터 내가 말한 대로 하면 증상이 없어질 겁니다."

"오랫동안 변비로 고생했다고 했지요? 증상이 얼마나 오래되었는지는 문제가 아닙니다. 내일이라도 당장 나을 수 있습니다. 조건을 지키면 자연스레 좋아집니다. 제가 말한 대로 하면 됩니다."

"부인은 녹내장에 걸렸지요? 제가 녹내장을 낫게 해줄 거라고 약속드릴 수는 없습니다. 제가 할 수 있는 일이 아니기 때문입니다. 그렇다고 낫지 못한다는 말은 아닙니다. 녹내장이 치료된 사례도 있습니다."

"당신은 하루에 한 번씩 일어나던 신경 발작이 이곳에 온 이후로는 단 한 번도 없었습니다. 치료가 되었네요. 앞으로도 지켜볼 수 있게 가끔 이렇게 찾아와주세요."

"외상이 나았듯 압박감도 사라집니다. 물론 당신이 잘 받아들여야 하겠지요. 적당한 때가 되면 자연히 나을 겁니다. 마음을 조급하게 가지면 안 됩니다. 중압감이나 무기력도 심장병처럼 나을 겁니다. 중압감은 매우 빨리 사라집니다."

"암시법을 쓴다고 해서 자연적이고 일반적인 치료에 방해를 주지는 않습니다. 눈에 상처가 났을 때 상처 부위가 조금씩 아물어드는 것이 보이는 것처럼, 잘 보이지 않던 상처도 매일 줄어듭니다."

"아이에게 분명하고 명령적인 어조로 말하세요. 눈을 감아라. 나는 네가 잘 이해하지 못하는 외상이나 병에 대해 말하지 않을 것이다. 네 가슴속의 통증은 사라진다. 그리고 더 이상 기침을 하지 않게 된다."

만성 기관지염을 앓아온 환자들이 증세가 완화되고 병세가 빠르게 사라지는 것을 보면 참으로 신기하다.

아이들은 어른들에 비해 다루기가 쉽고 말을 잘 듣는다. 아이들의 정신과 신체 조직은 암시를 하면 즉시 따른다.

쿠에는 항상 피곤에 지쳐서 불만을 토로하는 사람에게 이렇게 말하고는 한다.

"저도 그렇습니다. 환자들을 치료하다 보면 피곤한 날도 있지요. 하지만 저는 항상 똑같이 그들을 대합니다. 어쩔 수 없다고 하지 마세요. 인간은 누구나 자신을 극복할 수 있습니다."

피곤하다는 생각은 반드시 피곤을 부른다. 어떤 일을 달성하고자 의식하면 그만큼 필요한 힘이 나오는 법이다. 마음은 동물적인 본성을 다스릴 수 있고, 또 그렇게 되어야 한다.

"걷기 불편한 원인이 무엇이든 매일 조금씩 사라질 것입니다. '하늘은 스스로 돕는 자를 돕는다' 는 속담도 있지 않습니까? 하루에 두세 번 몸을 기대고 나서 자신에게 확고하게 말하세요. '내 신장은 걷지 못할 만큼 약하지 않아. 나는 할 수 있어.', '나는 모든 면에서 날마다 점점 더 나아지고 있다.' 라고 말하세요."

"제가 한 말이 맞지요? 통증이 사라졌으니 아프지 않다고 생각하세요. 다시 통증이 올지도 모른다거나 올 거라 생각하지 마세요."

"우리가 의식하는 모든 것은 현실이 됩니다. 따라서 생각이 잘못된 방향으로 나가지 않게 해야 합니다."

"손을 펼 수 없다고 생각하는 것처럼 괴로움이 사라진다고 생각하십시오. '하지 말아야지.' 라고 생각할수록 정반대의 결과가 나옵니다. 사라진다고 말하고 그렇게 의식해야 합니다. 양손을 잡고 손을 펼 수 없다고 생각해보십시오. 실제로 해보세요. (그러자 피시술자는 정말 손을 펴지 못했다.) 자, 의지는 그다지 도움이 되지 않는다는 것을 아시겠지요?"

자기암시를 위해서는 의지를 완전히 없애고 오직 상상에만 전념해야 한다. 의지와 상상 간의 갈등을 피하기 위해서는 의지가 사라져야 한다.

"사람이 나이가 들수록 강해진다는 말은 모순 같지만 사실입니다."

"당뇨병 환자들은 예전 치료법을 계속 병행하세요. 암시를 해도 병을 낫게 해준다고 약속할 수는 없습니다."

당뇨병 환자들은 소변에서 알부민 검출량이 점점 줄어들고 일부 환자들은 전혀 검출되지 않았다.

"강박관념은 일종의 악몽입니다. 그것이 없어지면 싫어했던 사람들과 친한 친구가 됩니다. 당신은 그들을 좋아하고 그들도 당신을 좋아하게 됩니다. 그러나 의지와 바람은 서로 같지 않습니다."

에밀 쿠에는 사람들에게 눈을 감으라고 한 뒤 암시가 담긴 말을 했다. 그리고 한 사람, 한 사람에게 말을 건넸다.

(첫 번째 환자에게) "당신은 통증을 느낍니다. 하지만 그 원인이 관절

염이든 무엇이든, 오늘부터 무의식의 도움으로 점차 통증이 사라지게 됩니다. 곧 통증은 완전히 사라집니다."

(두 번째 환자에게) "위장 기능이 많이 떨어졌고, 다소 부어 있네요. 자, 당신의 소화 기능은 점점 좋아집니다. 부기도 조금씩 가라앉습니다. 위장은 잃었던 힘과 탄력을 되찾게 됩니다. 점차 증상이 호전되면서 위는 정상으로 돌아오고, 위장의 영양소를 장으로 보내는 움직임도 원활해집니다. 동시에 이완된 위장은 크기가 점점 줄어들고 음식물이 고여 있지 않습니다. 쓰리고 아픈 통증은 완전히 사라집니다."

(세 번째 환자에게) "당신의 간은 신체 장기가 손상시켰습니다. 하지만 간의 상처는 매일 조금씩 사라져 완전히 낫게 될 겁니다. 통증도 점차 줄어들어 사라지게 됩니다. 간 기능은 정상적으로 회복되고 담즙은 산성에서 정상적인 알카리성을 유지하게 됩니다. 분비량도 성분도 정상입니다. 담즙은 자연스럽게 장을 거쳐 소화를 돕습니다."

(네 번째 환자에게) "애야, 너도 내가 하는 말을 잘 들었지? 앞으로는 발작이 일어날 것 같다고 느낄 때마다 번개처럼 빠르게 내 목소리를 듣게 될 거다. '아니야! 발작은 일어나지 않을 거야. 일어나기도 전에 사라질 거야.' 라고."

모든 사람들이 경청하면, 에밀 쿠에는 사람들에게 눈을 뜨게 하고 덧붙여 말한다.

"조금 전에 드린 충고를 들으셨지요? 현실로 만들기 위해서는 다음 사항을 지켜야 합니다. 죽는 그 순간까지, 살아 있는 동안 매일 아침 눈을 떴을 때와 매일 밤 자기 전에 눈을 감고 마음을 다해 집중합니다. 그리고 다음 구절을 스무 번 반복합니다. 반드시 입을 열어 말해야 합니다. 끈에 20개의 매듭을 묶어서 하나씩 세면서 하면 좋습니다. '나는 모든 면에서 날마다 점점 더 나아지고 있다.' '모든 면에서'라는 말은 모든 것에 적용되기 때문에 특정한 어떤 것을 떠올릴 필요가 없습니다. 자기암시는 바라는 것을 얻는다는 자신감과 믿음, 확신을 가지고 실행해야 합니다. 확신이 크면 클수록 더 빠르고 좋은 결과가 나타납니다. 나아가서, 낮이든 밤이든 신체적으로나 정신적으로 불편하다고 느낄 때마다 아픔이 모두 사라진다고 스스로 단언하십시오. 가능하면 혼자 조용한 곳으로 가서 편안한 자세를 취하세요."

"정신적인 문제로 괴로우면 이마에 손을 얹으세요. 몸에 통증이 느껴지는 부위가 있으면 그곳에 손을 얹으세요. 그리고 '사라진다. 사라진다.'라고 필요할 때까지 계속 반복합니다. 이렇게 조금만 암시를 실행해도 정신적·육체적인 고통은 20~25초 만에 사라집니다. 암시는 필요할 때마다 계속 반복합니다. 다른 암시를 할 때와 마찬가지로 이때도 자신감과 확신, 믿음을 가져야 하며 노력은 하지 않습니다."

"예전에 자기암시를 잘못한 이유는 무의식적으로 했기 때문입니다. 이제 제가 알려드린 방법으로 하세요. 더 이상 그런 일이 생기지 않도록 해야 합니다. 그래도 계속 잘못된 자기암시를 하게 된다면 오직 자신의 탓으로 돌려야 합니다. '내 탓입니다. 내 탓입니다.' 이렇게 말입니다."

자기암시 치료법의 창시자에게 감사하는 찬양자의 입장에서 말한다.

에밀 쿠에는 우리 안에 건강과 행복을 이루는 힘이 있다는 사실을 알기 쉽게 가르쳐주었다. 우리 모두가 이런 재능을 타고난 것이다.

따라서 무엇보다도 스스로 만들어내고 촉진시키는 모든 고통의 원인을 억제하고 '네 자신을 알라.'는 소크라테스의 명언과 포프의 격언인 '신이 내게 부여해주신 그 어떤 은혜와 혜택도 거절하지 않게 되기를……'을 실천에 옮겨야 한다. 자기암시가 주는 혜택을 완전히 받아들여 내 안에 품어야 한다.

우리들은 에밀 쿠에를 창시자로 하여 이 훌륭한 운동을 미래로 이어나가는 후예의 시초가 되어야 한다.

그는 밤낮을 가리지 않고 모든 시간을 투자하고 인생과 재산을 헌신했는데도, 자신은 아무것도 한 게 없다고 말했다. 또한 너무 겸손하여 이 글이 있는 그대로 출간되는 걸 거절할지도 모른다. 하지만 그런 일은 없어야 한다.

우리 모두 에밀 쿠에의 도움을 받아 타고난 힘을 깨우고 키워서 건강하고 행복한 삶을 살아가야 한다.

덧붙이면, 에밀 쿠에는 강연 입장료를 전쟁 상해 장애인들과 고통을 받아온 이들을 위해 쓰고 있다.

파리 강연

에밀 쿠에의 파리 강연을 다른 이들이 놓치지 않길 바라는 마음에서 이렇게 글을 남긴다. 이번에는 신체적, 정신적으로 고통받는 수많은 이들이 에밀 쿠에의 은혜로운 치료를 받고 나서 고통이 줄거나 점점 사라진 사례들이 아니라, 그의 가르침들을 모았다.

질문자 - 저는 요법을 실천하고 계속 구절을 외우며 반복하는데, 왜 더 좋은 결과를 얻지 못하는 걸까요?

쿠에 - 당신의 마음 뒤편에서 무의식이 의심을 하고 있거나, 아니면 노력을 하기 때문입니다. 노력은 의지에 의해 결정된다는 사실을 기억해야 합니다. 의지를 들이면 상상을 일으킨다는 심각한 위험을 감당해야 합니다. 그 상상의 방향은 당신이 원했던 것과 정반대입니다.

그래서 정반대의 결과를 가져오는 것입니다.

질문자 – 괴로운 일이 생기면 어떻게 해야 합니까?

쿠에 – 어떤 일이 당신을 괴롭히면 곧바로 "이건 전혀 문제가 되지 않아. 절대로! 사실 이 상황이 다른 것보다 더 마음에 들고 좋아."라고 반복합니다. 다시 말해 나쁜 생각 대신 좋은 의식 상태를 만드는 겁니다.

질문자 – 예비 실험은 필수인가요? 피시술자의 자존심 때문에 받아들이기 힘들다면요?

쿠에 – 반드시 필요하지는 않습니다. 하지만 하는 게 좋습니다. 어떤 사람들에게는 다소 유치해 보일 수도 있지만, 예비 실험은 매우 진지하게 임해야 합니다. 예비 실험으로는 다음의 세 가지를 증명할 수 있습니다.

첫째, 우리의 마음속에 있는 모든 생각은 현실이 되고 행동으로 변하는 경향이 있습니다.

둘째, 상상과 의지가 서로 갈등하면 언제나 상상이 승리합니다. 의지를 가지면 우리가 바라는 반대로 행동하게 됩니다.

셋째, 노력하지 않고 그저 바라는 대로 생각하기는 쉽습니다. 지금까지 우리는 노력하지 않고 '할 수 없어.' 라고 생각한 뒤 바로 '할 수 있어.' 라고 생각해왔습니다.

예비 실험은 집에서 혼자 있을 때 반복해서는 안 됩니다. 신체적 · 정신적 조건을 잘못 갖출 수도 있기 때문입니다. 그러면 실패할 위험이 있고 자신감이 흔들릴 수 있습니다.

질문자 - 고통을 느낄 때 어떻게 괴롭다는 생각을 떠올리지 않을 수 있습니까?

쿠에 - 괴롭다고 생각하기를 두려워하지 마세요. 반대로 괴로움을 떠올리면서 "난 괴로움 따위는 두렵지 않아."라고 말하세요.

만약 어딘가에 가는데 난데없이 개가 짖으며 달려든다고 합시다. 그때 눈을 부릅뜨고 바라보면 개는 당신을 물지 않을 겁니다. 하지만 당황하며 무서워서 등을 돌리게 되면 개는 다리를 물겠지요.

질문자 - 일정 기간 동안 묵상과 자기 성찰 기도를 하는 건 어떻습니까?

쿠에 - 일상생활로 돌아가서 하세요.

질문자 - 우리가 무엇을 원하는지 어떻게 깨닫습니까?

쿠에 - 원하는 것을 자주 반복해서 말하세요.

"나는 확신을 얻고 있다." 그러면 그렇게 됩니다.

"기억력이 좋아지고 있다." 그러면 정말 좋아집니다.

"나는 완전히 내 자신을 통제하게 된다." 그러면 어느새 자신은 그렇게 변합니다. 만일 그 반대로 말한다면 반대로 되겠지요. 생각을 끊임없이 빨리 소리 내어 말하면 그것은 그대로 현실이 됩니다. 물론 이치에 맞는 범주라면 말입니다.

에밀 쿠에의 강연을 들은 한 젊은 여성은 옆에 앉은 다른 여성에게 "정말 간단하군요. 덧붙일 게 없어요. 저 사람은 영감을 받은 것 같네요. 영향을 받은 사람들이 있다고 생각하지 않아요?"라고 속삭였다.

저명한 의사는 주위의 수많은 의사들에게 "제 생각 자체가 쿠에 선생님의 생각으로 바뀌게 되었습니다."라고 말했다.

배우이자 예리한 비평가는 쿠에를 '초자연적 힘'이라고 정의하기도 했다.

그렇다. 그의 선행은 초자연적 힘이다. 그는 패배주의자들처럼 잘못된 자기암시를 하는 사람들의 생각을 가차 없이 꼬집는다. 그리고 끈기 있게 고통을 감내하며 미소를 띤 얼굴로 사람들이 인성을 개발할 수 있도록 적극적으로 도와준다. 나아가 그들이 병을 스스로 고칠 수 있는 방법을 가르쳐준다. 이것이 은혜로운 자기암시법의 특징이다.

어떻게 에밀 쿠에가 전파하는 '복음'을 이해하려고 하지 않을 수 있겠는가? 자기암시를 행하는 누구라도 행복하고 건강할 수 있도록 타고난 내적인 힘을 자각하게 된다. 누구나 큰 힘을 발전시켜 인생을 바꿀 수 있다.

자기암시를 알고 시작한 이들이 맡은 엄격한 의무이자 행복은, 이 놀라운 방법과 수많은 사람들에 의해 인식되고 증명된 행복한 결과를 널리 전하는 일이다. 그래서 고통받고 상심한 사람들, 무거운 짐을 진 사람들 모두가 이 요법을 알고 실행에 옮길 수 있도록 도와야 한다.

소크라테스는 '인간이 가진 가장 큰 힘은 선행의 힘이다.' 라고 했다. 이 요법을 통해 내적으로 쌓은 신체적이고 정신적인 힘이 전 세계, 전 인류로 퍼져나가기를 바라 마지않는다.

에밀 레옹

Chapter 6

환자의 마음에
확신을 주는 대화

"어제 기차에서 어떤 소녀를 만났는데 두통 때문에 머리가 아프다고
했어요. 그래서 저는 두통을 낫게 할 수 있다고 말하고 선생님의 요
법을 알려주었어요. 그 애는 제 말을 귀 기울여 잘 들었지요. 그리고
암시를 걸자 두통이 사라졌어요. 헤어질 때 소녀는 전혀 아프지 않았
어요!"

희망을 안고
에밀 쿠에를 찾아온 사람들 *The Suggestion and Auto Suggestion*

에밀 쿠에 주변에는 온갖 종류의 병을 앓는 사람들이 다 모여 있다. 에밀 쿠에는 아무런 가식도 바라는 것도 없이 이런 환자들을 일일이 신경 쓴다. 그는 자칭 '스스로 병을 고치는 요법'을 써 본 사람들에게 어땠는지 묻는다. 그리고 새로 온 사람들에게는 그들의 건강 상태를 묻고 조언을 하며 용기를 북돋아준다. 진료소를 처음 찾아온 사람들에게는 방문한 이유와 병세에 대해 자세히 묻는다.

위통과 수족이 뻣뻣하게 굳는 증세를 보이는 여성에게 쿠에가 말했다.

"당신은 잘 못 걷지만 지금부터는 잘 걸을 수 있게 됩니다. 자, 제 앞에서 걸어보세요. 빨리, 더 빨리!"

그러자 그녀는 쿠에의 뒤를 쫓아 강연장을 돈다. 이전보다 더 쉽게 걷고 뛸 수 있게 되어 기뻐한다.

이번에는 간 부종과 청각장애가 있는 할머니에게 묻는다.

"할머니는 뭐가 문제입니까? 귀가 안 들리세요? 아니, 그게 아니에요. 제가 묻는 것에 답했으니까 안 들리는 게 아닙니다."

"선생님이 크게 말씀하시니까 들리는 거지요."

"안 듣고 싶어서 안 들리게 되는 청각장애보다 더 나쁜 청각장애는 없습니다."

"오, 하지만 저는 안 듣고 싶은 게 아니라 청각장애가 있는 거예요."

"하지만 제 말을 들으시니까 청각장애가 아니라는 걸 아시겠지요? 자, 또 어디가 불편하세요?"

"간 주변이 부어 있는 것 같아요."

"어디가 부었는지 안 물었습니다. 통증이 있는 부위가 어딘지 묻는 겁니다."

쿠에는 요법을 시행한다. 통증이 있는 부분을 살짝 문지르면서 "사라진다, 사라진다."라고 반복한다. 할머니도 쿠에를 따라 "사라진다, 사라진다."라고 빨리 반복해서 말한다. 그러자 할머니는 몸이 훨씬 편해졌다는 걸 느낀다.

간 부위에 통증을 느끼는 폴란드인이 아내와 함께 진료소로 찾아왔다. 쿠에는 그들에게 독일어로 말을 건넸다.

"도움이 필요한가요? 당신의 혀에 생긴 종양은 수술이 필요합니다. 하지만 수술을 해도 혀가 완치된다는 확신은 못합니다. 저는 어떤 사람들에게는 단순히 '당신은 나을 겁니다. 왜냐하면 제가 확신하기 때문이지요.' 라고 말합니다. 어떤 사람들에게는 '나을 수도 있어요. 아마 나을지도 모릅니다.' 라고 말합니다. 그 말은 제가 확신한다는 것도 아니고 그 반대도 아닙니다. 옆의 남자 분은 어떠십니까?"

"네, 저는 병이 나았어요! (참석한 사람들에게) 저는 3년 정도 신경쇠약을 앓았습니다. 하지만 쿠에 선생님 진료소에 여섯 번 찾아간 것만으로 증세는 씻은 듯이 나았습니다."

"축하합니다! 나았다니 정말 다행입니다. 그리고 선생님은요? 오른쪽에 통증이 있었지요?"

"네, 하지만 곧 사라질 거예요, 쿠에 선생님."

"암시를 안 쓴다고 하더니, 웬걸요! 잘 쓰고 있군요! 그리고 당신은 천식증이 있나요? 예전에 이곳을 찾았던 어떤 남자 분 중에 오랫동안 천식으로 고생한 분이 있었습니다. 그런데 나중에는 숨도 차지 않고 계단을 오르내릴 수 있게 되었지요. 또 다른 천식 환자 중에 흥미로웠던 사례는 영국에서 온 몰리노 씨 경우인데, 그는 무려 25년 동안 천식을 앓았습니다. 밤이면 숨 쉬기가 곤란해 잠을 이룰 수 없었고 침대에 앉아 헉헉대며 날을 꼬박 지새우곤 했습니다. 그러던 그가 이곳에 온 지 3주도 되기 전에 완치되어 돌아갔습니다. 그는 샤모

닉스 산으로 갔는데, 도착한 이튿날 1.8km를 등반하고 다음날은 2.1km까지 올라갔습니다. 우울증이 있던 그가 행복을 느끼는 사람으로 변했고, 젊은이처럼 자신을 우뚝 일으켜 세웠습니다. 그가 좋게 변해 저는 참으로 기뻤습니다. 그의 딸인 M양도 이곳에 와서 좋은 결과를 얻었지요. 부인은 어떻습니까?"

"방광이 안 좋았는데 지금은 훨씬 좋아졌어요. 더 이상 소변에 침전물도 생기지 않아요. 정말 많이 좋아졌어요. 그런데 주부이다 보니 세탁거리가 많아요. 일을 너무 많이 해서 그런지 다리가 욱신욱신 쑤셔서 잠을 잘 못 자겠어요."

"쉽게 없어질 통증이 아니네요. 방광이 많이 좋아졌다고 하셨지요? 그것처럼 다리가 아픈 것도 빨리 좋아질 거예요. 부인의 심장은 좀 어떻습니까?"

"네, 선생님. 병원에 가서 치료를 받아봤지만 그다지 효과를 보지 못했어요."

"의사들이 심장 상태가 좋지 않다고 했군요. 가슴이 두근거립니까? 계단을 오르면 숨이 차나요? 얼마 전에 이곳에 온 어떤 여자 분도 심계 항진증이 있었습니다. 하지만 이제는 쉽게 계단을 오르내리지요. 부인이 좋아져서 저를 기쁘게 해줄 거라고 믿습니다."

쿠에는 어떤 부인에게로 가까이 다가간다.

"부인은 우울증이라고 했지요? 그런데 전혀 우울해 보이지 않아요. 웃고 있지 않습니까? 기분을 좋게 하고 자신을 잘 보듬도록 하세요. 어둡고 의기소침한 감정은 내보내야 합니다. 떨지 마세요. 손도 발도 다리도 떨 필요가 없어요. 더 이상 떨지 않을 겁니다."

"하지만 떨리는 게 느껴지는데요?"

"저는 떨지 않을 거라고 말했습니다."

"무엇보다 제일 큰 문제는 몸이 저리고 감각이 없다는 거예요."

"그런 느낌을 없애야 합니다. 노력으로는 안 됩니다."

"저녁에는 좋다고 확신이 들지만, 아침에 일어나면 뇌에 무슨 문제가 생긴 게 아닐까 걱정이 됩니다."

"네, 두려움은 누구에게나 있지요. 하지만 그것은 사람을 죽게 할 수도 있습니다. 어느 날 대여섯 명의 친구들이 이런 말을 주고받았습니다. '아무개한테 장난을 치는 거야. 그 아이가 나타나면 '너 문제가 뭐니?' 라고 말하는 거야.' 그리고 아무개가 나타나자 그중 한 사람이 말합니다. '너 오늘 무슨 문제 있어 보인다. 어디 아프니? 정말 이상해 보여!' '아니, 안 아픈데. 아무 문제 없어.' 잠시 후 그는 다른 친구를 만나서 또 이런 말을 듣습니다. '너 얼굴이 노랗구나! 어디 아픈 거야? 정말 아파 보인다!' 불쌍한 아무개는 주저하며 말합니다. '아니, 난 아무렇지도 않아. 근데 이상한 건 아까도 어떤 친구에게서 똑같은 말을 들었어.' 그러다 세 번째 친구를 만납니다. 그 친구도 그에게 아파 보인다고 말합니다. 그리고 네 번째, 다섯 번째도 이와 같은 말을 건네자, 그는 정말 아파서 침대에 누워버렸다는 이야기입니다."

이야기를 마친 쿠에는 어떤 남자에게 다가간다.

"선생님은 신경쇠약이시죠? 옆의 신사 분께 자신의 병을 스스로 고치는 구절을 물어보세요. 잘 말해줄 겁니다. 그는 이 방법으로 완치되었습니다."

"저는 잠을 못 자요."

"이제는 잠꾸러기처럼 잘 자게 될 겁니다. 그리고 모든 것이 다 잘 됩니다. 얼굴에 증세가 사라질 조짐이 보이네요. 웃어보세요. 그러면 신경쇠약은 언제 앓았냐는 듯이 사라집니다!"

옆에 있던 남자도 힘들다는 듯 말한다.

"저는 더 이상 글을 못 쓰겠어요. 말도 빨리 못하겠어요. 너무 슬퍼요. 그리고 생각도 잘 나지 않아요. 몸의 기능이 점점 떨어지나봐요."

"생각이 잘 나지 않는다고요? '더 이상 생각하지 못하겠어.'라고 말하는 것 자체가 생각하고 있다는 증거 아닙니까? 당신을 웃게 만드는 처방을 내리겠습니다. 정말 훌륭한 처방입니다. 매번 우울한 생각이 들 때마다 거울 앞에 서서 자신을 바라보세요. 그리고 껄껄 웃는 겁니다. 그렇게 하다 보면 웃는 모습이 자연스럽게 느껴질 겁니다. 그러면 어느새 신경쇠약이 사라질 겁니다. '신경쇠약은 사라진다'고 했습니다. 부인은 어떠십니까?"

"통증을 느낄 때마다 선생님께서 가르쳐주신 요법을 써요. 하지만 때때로 통증이 지속돼요."

"이 사실을 잊으면 안 됩니다. 제가 병을 낫게 하지는 않는다는 점을요. 부인은 지금 증세가 빨리 낫지 않는다고 했습니다. 당장 자신에게 이렇게 말하세요. '오늘 상태가 그다지 나쁜 건 아니야. 내일이 되면 더 좋아질 거야.'"

그리고 옆의 부인에게 다가간다.

"부인의 위는 좀 어떻습니까?"

"음식을 먹으면 소화를 잘 못 시켜요."

"네, 금세 소화가 잘될 겁니다."

또 다른 부인이 쿠에에게 호소한다.

"저는 두려움을 극복하고 싶습니다."

"아, 두려워지는 게 무섭군요. 낮 동안은 괜찮다고 했지요?"

"네, 그런데 밤에는 안 좋아요. 숨이 막히는 것 같고 기침도 많이 납니다."

"암시는 잘하고 있나요?"

"절대로 거르지 않아요."

"그럼 차차 나아질 겁니다. (이때, 쿠에가 한 부인을 알아보며 말한다.) 부인은 계속 좋아지고 있군요. 런던으로 돌아가면 아무도 못 알아볼지도 모르겠습니다. 처음 봤을 때는 뭐랄까, 너무도 절망스러워 보였어요.

배를 탄다면 갑판에서 뛰어내리지나 않을까 누가 옆에 꼭 붙어서 지켜봐야 했을 거라고요. 온갖 좋지 않은 상상을 다 했어요. 하지만 이제는 그와 반대로 상상하고 있고, 그 결과는 잘 알겠지요? 이곳에 온 지 겨우 2주밖에 안 지났는데도 말이지요. 스스로도 놀라고 있지요?"

"네, 선생님. 마치 새로 태어난 기분이에요."

부인의 대답을 들은 쿠에는 웃으며 어떤 젊은 여자에게로 시선을 돌린다.

"아가씨도 점점 좋아지고 있지요?"

"네, 얼마 전에 친구가 제 곁을 떠났는데도 눈물 한 방울 흘리지 않았어요. 사실 웃고 싶더라고요!"

"아, 지나치게 과장하는군요. 강심장인가 봐요. 어쨌든 좋습니다. 성과가 있습니다."

그리고 떨림 증세가 있는 영국 여성에게 가서 말한다.

"정말 많이 좋아졌네요. 어제 자리에서 일어나 꽤 걸으셨지요. 오늘 아침에는 어땠습니까? 이제 매일 자연스럽게 걷게 될 겁니다. 항상 자신에게 '할 수 있다'고 말하세요. 곧 달릴 수 있게 될 겁니다! 낫는다는 희망이 아닙니다. 확실합니다."

참석자들 사이에 있던 여자에게 말한다.

"아가씨가 누군가의 차에서 내리는 것을 봤습니다. 누군가가 옆에서 손을 잡고 부축하더군요. 예전부터 항상 그렇게 도와주던 대로요.

그리고 아가씨도 손을 잡았지만 도움 없이도 내릴 수 있었을 겁니다."

쿠에는 왼쪽 눈의 시력을 거의 잃었던 젊은 여성에게 다가간다. 그녀는 쿠에의 요법으로 시력을 회복했다.

"자, 아가씨. 어디 시력을 재봅시다."

쿠에는 그녀가 희미하게 보일 때까지 뒤로 간다.

"정말 많이 좋아졌어요! 조금 있으면 대성당에 날아다니는 파리도 볼 수 있겠군요!"

사람들이 박수를 치며 다 같이 기뻐한다.

"여기서 마르세이유 도로의 이름도 볼 수 있을 겁니다. (웃음) 만약 안대를 계속 썼다면 정말 시력을 잃었을 겁니다. 암시법으로 시력을 되찾은 겁니다."

그리고 참석자들에게 말했다.

"이 아가씨는 뇌수막염으로 두 살 때부터 왼쪽 눈의 시력을 거의 잃었습니다. 그때부터 계속 안대를 착용하고 지냈지요. 왼쪽 눈으로는 아무것도 못 보고 살아온 것입니다. 그러다 보니 자연히 마음속에 '나는 볼 수 없어.'라는 생각이 들어앉아버렸습니다. 안대를 풀자 왼쪽 눈으로는 아무것도 볼 수 없었습니다. 하지만 완전히 보이지 않는 게 아니라, 오른쪽 눈을 지나치게 혹사시키고 있었던 겁니다. 조심하지 않으면 두 눈의 시력을 모두 잃어버려 정말 아무것도 안 보이게 될 위험이 있었어요. 그래서 예전에는 피아노를 2분도 치지 못했는데 지금은 2시간도 넘게 칠 수 있게 되었고, 왼쪽 눈으로 바느질도 하고 책도 읽을 수 있게 되었습니다."

그리고 어떤 부인에게 말한다.

"부인은 항상 상태가 같다고요? 하지만 잘 걷잖아요! 같지 않습니다. 안 좋아진다는 생각을 하지 마세요. 반드시 좋아집니다. 그렇게 되는 게 정상입니다."

이번엔 한 청년에게 얘기한다.

"자네 감기는 좀 어떤가? 아직 안 낫다니, 감기를 너무 좋아해서 그런 건 아닌지 모르겠네. 하지만 전에 수두룩하던 종기와 여드름은 사라졌군. 많이 좋아졌네."

이때 한 영국 여성이 말한다.

"쿠에 선생님! 왼쪽 눈을 낫게 해주시겠어요? 목구멍도 꽉 조여진 것 같아요."

"부인의 목은 곧 풀릴 겁니다. 신경성이에요. 수술할 때 절개한 자국이 있다고 했지요? 항상 똑같은 느낌이 드나요?"

"어떤 때는 더 심하고 어떤 때는 덜합니다."

"그렇다면 절개 말고도 다른 원인이 있다는 겁니다. 만일 절개 때문이라면 항상 같은 느낌이 들어야 합니다. 부인은 심리적으로 영향을 받고 있어요. 얼마 전에 이곳에 말을 거의 하지 못하는 소년이 왔습니다. 강연회가 끝날 무렵에는 거의 정상적으로 말할 수 있게 되었습니다. 다시 찾아오지 않은 걸 보면 별 문제가 없는 것 같습니다. 다시 오지 않는 이유는 대개 병이 나았기 때문입니다."

이튿날 강연

쿠에가 다시 사람들에게 묻는다. 먼저 목에 통증이 있는 사람에게 가까이 간다.

"목이 조이는 느낌이 있었지요? 그런데 어제 그 목으로 소리를 냈다고요?"

"노래를 불렀는데 정말 끔찍했어요. 무서울 정도였어요."

"노래로 시작해서는 안 되지요. 피아노로 한두 음을 누르고, 그 음을 따라 부르기부터 하세요. 처음에는 한 음도 제대로 못 냈던 사람이 소리를 낼 수 있다고 확신하면 다른 음들도 낼 수 있게 됩니다."

그리고 목이 안 좋았던 다른 부인에게 말한다.

"부인은 열네 살까지는 옥구슬이 굴러가는 소리처럼 아름다운 목소리였는데 수술을 받고 성대를 완전히 버렸다고 했지요? 예전처럼 예쁜 목소리를 낼 수 있다는 말은 못합니다. 부인의 목소리는 허스키해졌으니까요. 말을 너무 많이 해서는 안 됩니다. 그러면 점점 좋아질 겁니다. 내가 아는 어떤 소녀는 예쁜 목소리를 갖게 될 거라고 암시를 겁니다. 그건 충분히 가능한 일입니다."

그때 한 남자가 강연장 안으로 들어왔다. 쿠에가 그 남자에게 물었다.

"구경을 하러 왔습니까?"

"도움을 받으러 왔습니다."

"좋습니다. 당신이 이곳에 없을 때도 당신 안에 있는 도구를 쓰는 법을 가르쳐드리겠습니다. 당신에게는 어떤 문제가 있습니까?"

"신경쇠약입니다."

"그건 곧바로 낫지 않을지도 모릅니다. 예수님이 십자가를 짊어지고 가실 때도 한 번 이상 쓰러지셨습니다. 우리 인간들도 때로는 쓰러질 수 있습니다. 하지만 시간이 지나면 많이 좋아질 겁니다."

새로 온 다른 사람이 이야기한다.

"저는 20년 동안 제대로 잠을 자본 적이 없습니다."

"네, 이 요법을 잘 시행하면 잠꾸러기가 된 것처럼 잘 자게 될 겁니다. 두고 보세요."

"베른하임 선생님한테 치료를 받았지만 잠이 오지 않았어요."

"사람들을 재우는 것은 실제적이지 못합니다. 그들은 잠들지 못하면 나을 수 없다고 말합니다. 그래서 저는 아무도 재우지 않습니다."

그의 강연을 듣고 있던 옆의 사람도 용기를 내어 말했다.

"저는 날씨와 바람의 영향을 많이 받습니다. 날씨 때문에 정말 안 좋아요. 며칠 전에도 몸이 너무 안 좋았어요. 아침에 일어났는데 피곤하고 기분이 가라앉더라고요. 그 순간 '날씨가 변하겠구나.' 하고 알았어요."

"저는 날씨가 어떨지 미리 예측하지 못합니다. 하늘을 쳐다보지 않으면요! 웃음 당신도 바람이나 날씨에 영향을 받지 않을 날이 올 겁니다."

강연에 온 어떤 아가씨가 말했다.

"저는 파리에 있을 때 거리로 나가는 게 무서웠어요. 밖에 나가는 게 두려웠어요. 소리가 나면 제 심장은 마구 쿵쾅거렸어요. 그런데 이곳에서 자기암시법을 배우고 나서부터는 두려움이 느껴지지 않았어요. 그래서 지금은 화실을 운영하고 있어요. 예전에는 아무 생각도 상상도 할 수 없었어요. 화실에 들어가는 것조차 끔찍했어요. 하지만 이제는 상상도 생각도 한답니다. 즐거운 마음으로 일하러 다녀요."

"파리의 바체트 선생님 병원에 치료를 받으러 간 한 남자는 어린아이처럼 사람 손을 꼭 붙들지 않으면 밖에 나갈 수도 없을 정도였어요. 그랬던 사람이 생미셸 분수대에서 그랑불바르까지 걸어갔답니다."

쿠에가 어떤 영국 여자에게 다가간다.

"부인은 여행을 다녀왔지요?"

"네, 선생님. 어제 기차에서 어떤 소녀를 만났는데 두통 때문에 머리가 아프다고 했어요. 그래서 저는 두통을 낮게 할 수 있다고 말하고 선생님의 요법을 알려주었어요. 그 애는 제 말을 귀 기울여 잘 들었지요. 그리고 암시를 걸자 두통이 사라졌어요. 헤어질 때 소녀는 전혀 아프지 않았어요!"

"듣던 중 반가운 소리입니다."

모두 기쁘게 박수를 쳤다. 이때 누군가가 질문했다.

"왜 어떤 사람은 시간이 걸리고, 어떤 사람은 빨리 낫는 건가요?"

"상상을 잘 못하는 사람들은 시간이 오래 걸릴 수 있습니다."

영국 여자가 이어서 말했다.

"저희는 시골에 있는 어느 별장으로 갔어요. 그곳의 여주인은 정맥류 궤양을 앓고 있었어요. 그래서 우리는 그녀에게 암시법을 썼지요. 그러자 그녀는 편해졌다고 말하며 몸 한 쪽에 있는 마비 증세와 얼굴 왼쪽의 발진도 문제라고 했는데, 왼쪽 눈의 상태가 나쁘다고는 말하지 않았어요. 우리는 다시 그녀에게 암시법을 썼어요. 치료를 마치자 그녀는 전체적으로 많이 좋아졌다고 하며 눈을 떴는데, 왼쪽 눈이 더 잘 보인다고 했습니다. 눈이 안 좋다는 사실을 알지 못하고 암시를 썼지만 그녀의 무의식적 자아가 시력이 좋아지도록 조치한 거예요."

쿠에가 이번에는 신경쇠약으로 인한 발작 때문에 고통받는 아이에게 다가갔다.

"어린 친구, 암시를 잘하고 있지? 어머니, 아이의 발작이 두세 달에 한 번 일어난다고 했지요? 좋아진다고 생각하시죠? 좋아요! 어머니나 아버지가 밤에 아이에게 암시를 계속 거세요. 얼마 안 지나 아이가 완치될 거라고 확신합니다."

그러고는 한 부인에게로 다가갔다.

"부인, 어제 경과를 잘 지켜봤습니까? 네, 아주 좋습니다! 자기암시는 그저 수단입니다. 신체 일부분이나 전신에 통증이 느껴지면 더 나빠지게 두면 안 됩니다. 어떤 다른 요소가 자신을 주도하게 내버려 두어서는 안 되는 것이지요. 호라스가 '자기 자신에게 지면 안 된다!' 고 한 말과 같습니다. 부인은 어떠십니까?"

"저는 훨씬 좋아졌어요. 의사 선생님도 신경성이라며 쿠에 선생님을 찾아가라고 했어요. 선생님만이 제 병을 낫게 할 수 있다고요."

"제가 부인의 병을 낫게 할 수 있다고 했다고요? 낫게 하는 것은 제가 아니에요. 요법을 쓰는 방법을 알려드렸지요? 제가 할 수 있는 것은 아무것도 없습니다. 비록 제 말을 못 믿더라도 그렇습니다. 제가 알려드린 방법을 쓰는 것은 부인입니다. 병이 낫지 않아도 제가 실패했다고 말해서는 안 됩니다. 알려드린 요법으로 병을 스스로 고치지 못했다면 부인이 실패한 겁니다."

말을 마친 쿠에는 아들과 함께 온 한 부인에게로 다가갔다.

"부인, 아들은 어떻습니까?"

"한 살 때 경기를 일으키고는 다리가 뒤틀렸어요. 조금 걸어보렴. 보세요. 약간 절뚝거려요."

아이는 걷지만 절뚝거린다.

"아이는 고관절통이 있거나 한쪽 다리가 다른 쪽보다 약간 더 짧을 겁니다. 걸을 때 아프니?"

"안 아파요."

"아프지 않다면 한쪽 다리가 짧다는 겁니다. 게다가 더 가늘지요. 양쪽이 영양 공급을 똑같이 받지 못하기 때문입니다. 어제 이곳에 온 어떤 남자는 한쪽 다리에 위축 증세가 있었습니다. 암시법을 쓰자 성과가 있었습니다. 하지만 다리 크기가 정상이 아니었습니다. 종아리가 거의 다른 다리만 하게 컸어요."

"아이의 다리가 굽었다는 사람도 있어요."

"다리는 좋아질 겁니다. 가능성이 높아요. 하지만 시간이 필요합니다. 근육이 새로 만들어져야 하니까요. 그리고 아가씨는 자주 두통이 생긴다고 했지요? 거의 매일. 하지만 이제 얼마나 빨리 두통이 사라지는지 보게 될 겁니다."

"저는 어렸을 때도 일요일만 되면 두통이 생겼어요. (웃음) 일주일 내내 혼잣말로 '아, 다음 주 일요일에 또 머리가 아프면 어떻게 하지?'라면서 일요일마다 계속 통증이 생기는 걸 예상했어요. 9시에 두통이 시작될 거라고 생각하면 어김없이 그 시간에 두통이 시작되었지요."

"지금은요?"

"지금은 생각할 시간이 없어요. 결혼을 한 후로는 할 일이 너무 많아요."

쿠에는 한 사람 한 사람의 이야기를 들으며 그에 적절한 암시를 해나간다.

"갈비뼈 근처에 통증이 있고 귀에 염증이 있다고 했습니까? 한쪽 귀가 전혀 들리지 않는다고도 말했고요. 완전히 나을 거라고 확신은 못하지만 가능합니다. 계속 고름이 나옵니까? 자기암시를 하면 무의식적 자아는 상처가 낫는 데 필요한 치료를 하게 되어 청력이 돌아올 가능성이 있습니다. 어떤 남자는 철도 회사에서 연금을 받고 퇴사한 후에 고막이 찢기는 바람에 청력을 잃었습니다. 하지만 그는 자기암시로 잃었던 청력을 회복했습니다. 물론 예전처럼 완전히 정상이 된 것은 아니지만, 그래도 이렇게 말하는 것을 알아들을 정도는 됩니다."

"부인은 간결장이라고요? 간결장은 간 기능이 정상이 아니기 때문에 생깁니다. 담즙은 알칼리성이 아니라 산성이에요. 보아하니 담석은 없는 것 같군요. 있다면 얼굴에 황달이 왔겠지요. 담즙이 산성이면 담즙관에 불순물이 낍니다. 끈끈한 콜레스테롤이 껴서 쌓이면 담석이 형성됩니다. 담석은 녹지 않고 계속 커지지요. 그래서 담석이 담낭관을 지날 때마다 통증을 느끼게 되는 거예요. 하지만 불순물이 생기지 않으면 담석은 형성되지 않습니다. 자궁염은 나을 수 있고 또 빨리 나아야 합니다. 제가 처음 본 자궁염 환자는 24년 동안 자궁염을 앓던 어떤 부인이었는데, 의사들은 수술을 진행하려 했습니다. 하지만 그녀는 자기암시법으로 빠르게 치유되었습니다."

"정맥류 궤양은 일반 치료로는 쉽게 낫지 않습니다. 하지만 자기암시로는 쉽게 나을 수 있습니다."

몸에 상처가 난 사람이 그의 암시를 듣다가 말한다.

"저는 항상 연고를 바르고 밴드를 붙입니다."

"그럼 이제부터 암시라는 연고를 항상 발라보세요. 종종 바르고 있지요?"

그 말을 듣던 한 남자가 기쁘다는 듯 말한다.

"저는 8개월 전에 다리를 심하게 부딪혀서 상처 부위가 찢어졌어요. 하지만 선생님을 만난 지 세 번 만에 다 나았어요. 새 살이 나온 지 얼마 되지 않았지만 어쨌든 나은 거지요!"

쿠에가 고개를 끄덕이더니 한 부인에게 묻는다.

"항상 우울한 생각이 떠오른다고요?"

"네, 아침에 일어날 때마다 어떤 곳에 가서 빠져 죽는 생각을 해요."

"부인은 슬픔 대신 기쁨 속에 빠지게 될 겁니다."

"이번 여름에 선생님을 뵙고 많이 나았는데 암시를 자꾸 잊어요. 그래서 다시 찾아뵙지 않으면 안 되겠다는 생각이 들었습니다."

"제가 친절하지 않았다면 그럴 만하다고 말했을 겁니다. 밤과 아침에 암시를 거는 것처럼 간단한 일도 없을 겁니다. 밥 먹는 것은 잊지 않잖아요. 하지만 저녁 먹는 것은 잊더라도 암시는 규칙적으로 해야 합니다."

습진으로 고생하는 여성이 주름진 손을 보이며 외쳤다.

"제 손은 엉망이에요! 열네 살 때부터 이랬어요."

"손을 씻을 때 비누나 소다를 묻히고 씻지 마세요. 평소에 씻는 대로 손을 씻어서는 안 돼요. 솜에 오일을 묻혀 손에 잘 발라줍니다. 손을 닦을 수건도 따로 쓰세요. 계속 물에 손을 담그면 암시도 허사로 돌아갑니다. 상태는 계속 악화되고 손톱으로 손을 긁게 될 겁니다. 당신은 무엇이 문제지요?"

"저는 불안증으로 말을 더듬습니다."

"정말 말을 더듬는다고 생각하나요? 당신은 말을 더듬지 않아요! '안녕하세요?' 라고 말해봐요. 말을 더듬지 않는다는 걸 알겠죠? '나는 좋아질 거라 확신한다.' 라고 해볼까요? 앞으로는 더 이상 말을 더듬지 않겠다고 생각하세요. 말을 더듬는 사람들도 제 앞에 오면 더 이상 말을 더듬지 않게 되는 경우를 종종 봤습니다. 그들은 스스로 '더 이상 말을 더듬지 않을 거야!' 라고 말합니다. 어느 날, 어떤 젊은

이가 말을 더듬는 것 때문에 저를 찾아왔습니다. 저는 '자네는 나를 웃기려고 하나? 전혀 말을 더듬지 않는데.' 라고 물었지요. 그러자 그는 '예전엔 계속 더듬었는데……' 라고 대답했습니다. 그래서 '아, 알겠네. 하지만 오늘은 더듬지 않았으니 이제 더 이상 더듬지 않을 거네.' 라고 말했지요. 당신도 같습니다. 말을 더듬는다고 두려워하지 않으면 괜찮아질 겁니다. 그리고 선생은 류머티즘이지요?"

"종아리부터 무릎까지 통증이 올라옵니다. 침대에 누워 있으면 그다지 아프지 않지만 걷기가 힘듭니다."

"제가 말하는 대로 상상해보세요. '나는 곧 잘 걷게 된다' 고요."

"무엇보다 강아지를 데리고 같이 산책하며 뛰어다닐 수 있었으면 좋겠습니다."

"그리고 부인은 무대 공포증이 있다고요? 파리에서 피아노와 바이올린, 노래를 가르치는 젊은 여선생이 있었어요. 그 여선생도 부인과 마찬가지로 무대 공포증이 있었지요. 하지만 제게 오더니 한 번에 나았어요. 전에는 두려움 때문에 머리카락이 다 빠지는 것 같았대요. 학생들도 시험 기간이 되면 종종 저를 찾아옵니다. 그러고 나서 실패하는 경우는 드뭅니다. 먼저 두렵다는 생각을 갖고 있기 때문이란 걸이해하세요. 무대에 서는 것을 두려워하는 겁니다. 여러 사람들 앞에서 강연을 하려 할 때 자신에게 이렇게 말하세요. '그래, 난 이 청중들보다 훨씬 나아. 이들에게 뭔가를 가르쳐줄 거야. 난 선생님이고 이 사람들은 학생이야!' 이런 조건을 내세우면 무대 공포증은 생기지 않습니다."

"선생은 종아리에 총탄의 파편이 박혀 있지요? 쉬고 있을 때 걱정이 됩니까? 제거했나요? 그것 때문에 경련이 일어나는 겁니다. 쉽게 없앨 수 있어요."

"아가씨는 매우 소심하고 불안해하는군요. 당당하게 자신감을 가져야죠. 나이가 열일곱 살이라고 했죠? 어머니가 밤에 딸에게 암시를 거셔야 합니다. 딸이 잠들면 조용히 침대로 가서 1~2m 정도 떨어진 곳에 서세요. 그리고 깨지 않게 나직한 목소리로 말합니다. 딸이 얻었으면 하는 것들을 스무 번에서 스물다섯 번 정도 반복해서 말합니다. 그러면 암시가 딸의 무의식적 자아로 들어가게 됩니다. 우리에게는 두 자아가 있는데 하나는 의식적 자아이고 다른 하나는 무의식적 자아입니다. 의식적 자아는 잠들지만 무의식적 자아는 깨어 있기 때문에 말을 거는 겁니다."

이번에는 가슴의 통증으로 고생하는 남자에게 말한다.

"당신은 제가 보기에도 많이 좋아졌군요!"

"네, 밥도 잘 먹습니다!"

"그리고 말의 표현도 바뀌었군요. 마치 새 삶을 얻은 사람처럼 보입니다."

한 여성이 말했다.

"저는 항상 빙글빙글 도는 것처럼 어지러워요. 자동차를 보면 피하려고 해도 그럴 수가 없고요. 예전에 달려오는 버스에 치일 뻔한 적이 있는데, 그 후부터 계속 그래요."

"하지만 부인, 저라도 다리가 떨어지지 않을 겁니다. 자동차가 달려오는 걸 보면 '다리가 꼭 붙었어. 움직일 수 없어!' 라고 말하겠지요. 길에서 갑자기 '빵빵' 하는 소리를 듣습니다. 돌아보니 차 한 대가 시속 160km의 속도로 달려오고 있습니다. 불행하게도 자신에게 '살고 싶어. 하지만 할 수 없어!' 라고 말합니다. 운전사는 '이런! 저 여자를 치겠어!' 라고 생각합니다. 그러면 그대로 됩니다. 반대로 운전사는 똑바로 정신을 차리고 핸들을 돌려야 합니다. 부인도 절대로 '살고 싶어!' 라고 생각해서는 안 됩니다. '살 수 있어!' 라고 생각해야 합니다. 둘은 큰 차이가 있습니다."

이때 다른 여성이 말한다.

"감기 때문에 뇌염에 걸렸는데 낫지 않아요."

"아, 그런 식으로 말하는 것은 좋지 않아요. 낫는 것은 사실이고 빨리 그렇게 될 것이며 '낫는 중이다' 라고 자주 생각하면 곧 낫게 됩니다. 부인은 어떠십니까?"

"선생님을 찾아뵌 시기가 별로 안 좋네요. 거리에 나가면 눈에 눈물이 가득 고여요. 안약을 사용해도 소용없어요."

"그럼 암시로 만든 안약을 넣어보면 될 겁니다. 자신에게 눈에 눈물이 고이지 않을 거라고 말하세요. 밖에 나가도 그러지 않을 거라고요. 그리고 당신은 좌골신경통(허리, 엉덩이, 대퇴근 뒷부분, 무릎 뒷부분, 장판지, 발에 걸쳐 통증이 일어나는 지속성 신경통)으로 고생하지요? 병을 이곳에 훌훌 털어놓아야 합니다. 그렇게 되면 저는 정말 기쁠 겁니다. 병을 쓰레기통 속으로 집어던져버리세요."

"그렇게 되면 정말 좋겠어요!"

"당신은 목이 아픕니까? 암시를 규칙적으로 차분하게 하셔야 합니다. 암시가 잘되려면 두 가지 조건을 갖춰야 합니다. 하나는 괴로움이 사라지리라는 확신을 가져야 한다는 것이고, 다른 하나는 의도적인 노력을 해서는 안 된다는 것입니다. 암시가 잘 되지 않는 건 노력을 했기 때문입니다. 그러면 원했던 것의 반대 결과를 얻게 됩니다. 아, 당신은 '우울 씨(The blues)'로군요."

"제 우울증은 없어질 거라고 하더군요."

"그렇고말고요! 우울증도 즐거운 여행이라고 생각하면 됩니다."

한 남성이 말한다.

"선생님! 저는 몸의 이곳저곳이 쑤시고 아픕니다. 많이 아프다는 생각밖에 안 들어요."

"그건 대단한 생각이로군요! 하지만 그렇게 생각해서는 안 됩니다. 통증이 느껴지면 곧바로 문 밖에 던져버리세요. 원한다면 통증을 떠올리세요. 그리고 통증에 도전하며 말하는 겁니다. '오, 내 친구여,

지금까지는 그대가 지배력을 갖고 있었지만 이제부터는 내가 그대를

지배할 것이다.' 라고요."

Chapter 7

자신감을 위한
자기 암시

당신이 바라는 일이 쉽다고 믿으면 정말 그렇게 됩니다. 비록 다른 사람들에게 어렵게 느껴지는 일일지라도 말입니다. 당신은 노력을 들이지도 않고 지치지도 않으면서 빠르고도 즐겁게 일을 해냅니다. 반면 일이 어렵고 불가능하다고 여기면 또 그렇게 됩니다. 단지 그렇게 생각했기 때문입니다.

긍정적으로 변화시키는 에밀 쿠에의 연설

The Suggestion and Auto Suggestion

여러분 중에는 자기암시를 이미 해봤거나 아직 잘 모르는 사람들이 있지요?

여러분에게 자기암시가 무엇인지 간단하게 몇 마디로 설명하겠습니다. 먼저 다음의 두 가지 사실을 말씀드리겠습니다.

첫째는, 우리의 마음속에 담긴 생각은 어떤 것이든 현실이 된다는 점입니다. 사실이 아닐지라도 말입니다. 그렇기 때문에 열 사람이면 열 사람 모두 다른 관점을 갖고 바라보게 되지요.

어떤 범죄 현장에 30명의 목격자가 있다고 합시다. 그러면 재판의 증인석에서 30개의 진술을 듣게 될 겁니다. 왜냐하면 아무도 같은 측면에서 범죄 행위를 바라보지 않기 때문입니다. 어떤 사람에게는 무죄로 보이고, 또 어떤 사람들은 유죄로 보이는 것이지요.

우리가 마음속으로 생각하는 것은 현실이 됩니다. 이치에 합당한 선에서 자연스럽게 말입니다. 이 조건을 다는 것은 불가능한 생각을 할 수도 있기 때문입니다. 예를 들어 다리 하나가 없는 사람이 다리가 생기길 바란다면 어떨까요? 그런 생각이 현실이 될 가능성은 없습니다.

하지만 실현 가능한 생각을 한다면 현실이 됩니다. 그래서 밤에 잠이 안 온다고 생각하면 잠이 안 오는 것이지요. 불면증이 뭡니까? 잠자리에서 잠을 자지 않을 거라고 생각하는 겁니다. 밤에 잠을 잘 자는 사람은 잠자리에 들면 잘 것을 아는 사람입니다. 변비라고 생각하면 변비에 걸리게 됩니다. 변비에 좋은 이런저런 약을 먹지 않으면 매일 변을 보지 못할 거라 생각하는 것입니다.

어떤 변비 환자에게 약을 준다고 가정해봅시다. 그것은 보통 약처럼 만들어졌지만 캡슐 속에 전분 가루나 빵 가루가 들어 있습니다. 변비에 걸린 사람에게 이 약을 먹으면 대황이나 털갈매나무 성분 추출물을 넣은 변비약을 먹은 것처럼 장이 정상적인 연동 운동을 시작한다고 말합니다. 그러면 정말 그렇게 됩니다. 물론 약이 가짜로 만들어졌다는 것을 모른다는 전제하에서 말입니다. 환자에게 증류수를 주사하고서 모르핀 주사를 놓았다고 말하는 것도 같은 경우입니다. 그들은 모르핀을 맞았다고 생각하면서 통증이 완화된다고 느낍니다.

눈이 내린 뒤에 길이 얼어서 '미끄러져 넘어질 거야!' 라고 생각한다고 칩시다. 그러면 그런 결과가 나타납니다. 넘어지는 것을 두려워하지 않는 사람은 넘어지지 않습니다.

이 중요성을 알겠지요? 우리가 마음속으로 어떤 생각을 할 때마다 그것은 실현 가능한 범주 내에서 현실이 됩니다. 만일 신체의 한 부분에 병이 생겼다면 나을 수 있다고 생각합니다. 그러면 낫게 됩니다.

두 번째 사실은, 일반적으로 받아들여지는 것과는 달리 인간의 가장 뛰어난 능력은 의지가 아니라 상상이라는 점입니다. 우리는 의지만 있으면 무엇이든 할 수 있다고 말합니다. 하지만 그렇지 않다는 것을 보여드리겠습니다.

의지와 상상 사이에서 갈등을 겪으면 원래 원했던 것을 얻지 못할 뿐만 아니라, 정반대의 결과가 생깁니다. 밤에 잠이 잘 오지 않을 때도, 잠들려고 노력하지 않고 그저 가만히 있으면 잠들게 됩니다. 그런데 불행히도 잠들려고 노력하면 뒤척거리며 짜증을 내게 되겠지요. 당신이 바라는 편안한 휴식 상태는커녕 오히려 흥분 상태가 됩니다. 마음속으로는 '잠을 잘 것이다, 하지만 잘 수 없다!' 라고 생각합니다.

이름을 잊어버리는 경우도 마찬가지입니다. 만약 "저 부인의 이름을 기억해내야지. 근데 기억이 안 나. 잊어버렸어!"라고 말하면, 당신은 이름을 떠올리지 못합니다. 그럴 때는 이렇게 말해야 합니다. "조금 있으면 기억나겠지." 그러면 '잊어버렸다' 는 생각이 '기억나겠지'

로 바뀌게 됩니다. 갑자기 "아, 맞아! 까먹었던 이름이 생각났어! Y부인이었지!"라고 말하게 되는 겁니다.

세 번째 예는 참을 수 없이 웃음이 쏟아질 때입니다. 여러분 모두 웃지 않으려고 노력하면 할수록 웃음이 더 크게 터져 나오는 상황을 경험해봤을 겁니다. 마음속으로 '그만 웃을 거야. 하지만 못 하겠어!'라고 생각해버리고 마는 겁니다.

네 번째 예는 자전거를 처음 배울 때입니다. 저 멀리 장애물이나 돌부리, 강아지 등이 눈에 띄면 혼잣말로 "어떻게든 절대 부딪히지 않을 거야!"라고 하지만 장애물에 부딪힐까봐 두려워서 핸들을 돌립니다. 피하려고 노력할수록 장애물에 더욱 돌진하고 맙니다. 마음속으로 '장애물을 피해야지! 하지만 할 수 없어!' 라고 생각하고 있기 때문입니다.

다섯 번째 예는 말을 더듬는 경우입니다. 말을 더듬는 사람이 '더듬지 말고 인사해야지!' 라고 생각합니다. 그럼에도 말을 더 더듭습니다. '말을 더듬지 않을 거야! 하지만 할 수 없어!' 라는 생각이 존재하기 때문입니다.

반복하지만 의지와 상상이 갈등을 겪으면 우리가 바라는 것을 할 수 없을 뿐만 아니라, 그 반대로 하게 됩니다.

우리 안에는 두 자아가 있습니다. 우리가 알고 있고, 또 알고 있다고 생각하는 의식적 자아와 무의식적 자아 혹은 모르고 있는 상상이 그것입니다. 상상은 우리들의 안내자입니다. 만약 이 두 번째 자아를 의식적으로 다룰 수만 있다면 지금까지 상상이 우리들을 주도해 온 것처럼 스스로를 안내할 수 있게 될 것입니다.

예를 들어 당신이 마구를 단 말이 모는 마차에 타고 있다고 가정합시다. 그런데 실수로 마구를 맬 때 고삐 채우는 것을 잊고 말았습니다. "이랴!" 하고 채찍을 휘두르자 말은 달려갑니다. 하지만 어디로 갈까요? 앞으로 뒤로 그저 맘 내키는 대로 달려 나갈 겁니다. 결국 말은 마차에 당신을 태운 채로 자기가 가고 싶은 데로만 달립니다.

만일 말에 고삐를 단단히 채웠다고 칩시다. 당신은 가고 싶은 곳으로 말을 몰 수 있고 말은 그 지시에 따라 마차를 움직일 겁니다. 그리고 당신은 원하는 곳에 도착하겠지요.

이제 몇 가지 실험을 통해 이해를 돕도록 하겠습니다. 여러분 중 어떤 분에게 실험을 해볼까 합니다. 의식적으로 마음속에 의지와 상상이 충돌하는 모습을 그려보는 겁니다. '이런저런 일을 하고 싶지만 할 수 없어!' 라고 생각합니다.

실험 한 젊은 여성이 쿠에의 앞으로 온다.

"아가씨, 양손을 있는 힘껏 꼭 쥐어보세요. 부르르 떨릴 때까지 꽉 쥐는 겁니다. 그렇게 하셔야 제가 만족합니다."

젊은 여성은 쿠에가 시키는 대로 손을 앞으로 내밀어 양손을 잡고 떨릴 때까지 꼭 쥔다.

"자, 이제 자신에게 말합니다. '손을 펴야지. 그런데 할 수 없어! 할 수 없어!' 당신의 손은 꼭 붙들렸습니다. 더 세게 붙었어요!"

참석자들은 여성의 손가락이 더 꼭 붙는 것을 본다. 손이 떨리고 그녀는 열심히 애쓰는 모습이다.

"양손이 꼭 붙어서 계속 그렇게 있을 것처럼 보입니다. 노력에도 불구하고 떼어내려고 하면 할수록 더 꼭 붙게 됩니다! 이제 이렇게 말합니다. '할 수 있어!'"

사람들은 여성의 손이 이완되면서 떨어지는 것을 본다.

"터무니없는 것처럼 보이지만 생각하는 것만으로도 현실이 되기에 충분하다는 것을 아시겠지요? 사실 손을 펼 수 없다는 생각만큼 어처구니없는 건 없습니다. 모두 다 당신이 '할 수 없어.'라고 생각하기 때문입니다."

한 환자가 쿠에에게 묻는다.

"그러면 '낫게 해야지.'라고 말해야겠군요?"

"이해를 잘못했군요! 만일 자신에게 '건강해져야지!'라고 말했다고 합시다. 그러면 성질이 전혀 다른 상상이 '건강해지려 한다고? 바라는 대로 되나 보라고!'라고 합니다. 당신이 의지를 선호하면 제가 정반대라고 말했던 상상은 훼방을 놓습니다. 그러므로 '건강해져야지!'라고 말하면 안 됩니다. '점점 좋아지고 있다!'라고 말하세요."

"지금까지 치료해준 전문의들은 의지를 훈련해야 한다고 했어요. 의사들은 모두 의지 훈련법을 따릅니다. 베른하임의 한 제자도 제게 의지를 쓰라고 했습니다. 그는 1년 반 동안 저를 잠들게 하려고 애썼지만 불가능했지요. 그러다 결국 아무 효과도 얻지 못하자 짐작하며 말하기를 '당신은 낫지 않을 겁니다. 그냥 운에 만족하면서 고난을 견디는 법을 배우세요.' 라고 했습니다."

"S씨는 35년 동안 불면증으로 고생했습니다. 그러던 그가 나흘간 푹 잤습니다!"

이때, S씨가 말한다.

"오늘 아침 6시까지 잠을 잤습니다. 잠에서 깼을 때 밤 11시라고 생각해서 다시 자려고 했어요. 길거리에서 소리가 들려서 벌써 아침이라는 걸 알았지요!"

"그럼 다시 실험으로 돌아갑시다! 선생은 아가씨가 어떻게 실험을 했는지 봤지요? 양손을 펴시겠습니까? 팔을 내뻗거나 주먹을 쥐고 실험을 해도 좋습니다."

신경증 환자가 실험에 참여한다. 그는 실험의 개념을 이해하지 못하고, 주먹을 쥐지 않는다.

"이렇게 실험에 지장이 생겨서 오히려 기쁩니다. 많은 사람들이 의지에 의해 결정된다고 믿기 때문입니다. 저는 선생에게 어떤 마음 상태를 만들어보라고 했습니다. 하지만 선생은 방법을 모릅니다. 자연히 실험은 성공할 수 없게 됩니다. 잘 들으세요! 실험할 때 항상 '난 할 수 없어.' 라고 생각하고 있어야 합니다. 크고 빠르게 '난 할 수 없어. 할 수 없어. 할 수 없어!' 라고 말하면서 손을 한 번 떼어보세요! 정말 '나는 할 수 없어.' 라고 생각하고 있다면 손을 뗄 수 없게 될 겁니다. 그렇죠, 좋습니다! 잘못된 것처럼 보여도 항상 맞습니다. 제가 말한 것이 아니라 그 사람이 생각하는 게 일어나는 겁니다. 당신에게 증명하고 싶은 것은 당신의 생각이 구체적으로 실현된다는 점입니다. 혼자서는 이 실험을 하지 마세요. 실험에 성공하기 위해서는 제가 요구한 대로 마음을 특정 상태로 만들어야 하기 때문입니다. 만약 상대가 무슨 생각을 하는지 모르거나 생각을 잘못 다루면 저는 그 사람에게 '난 할 수 없어. 할 수 없어.' 라고 매우 빨리 반복적으로 말하게 해서 '할 수 있어.' 라는 생각을 못 하게 합니다. 이렇게 생각을 다루는 법을 가르치지요. 선생은 확신을 못 하는군요. 그래도 지금까지 제가 한 말을 유념했지요?"

그러자 남자가 웃는다.

"웃는다는 건 좋은 신호입니다! 혼자서는 이 실험을 하지 마세요. 거의 대부분이 정확한 조건을 갖추지 못합니다. 그러면 실험에 실패하고 자신감을 잃게 됩니다."

쿠에는 아이와 젊은 남자에게 실험을 한다. 먼저 아이에게 말한다.

"펜을 손가락에 끼고 '떨어뜨리고 싶지만 못 해!' 라고 말해보렴."

그러자 아이는 펜을 잡고 '할 수 없어.' 라고 생각하면서 떨어뜨리려고 한다. 못 한다고 생각하면 할수록 손가락에 힘을 더 주어 꼭 쥐게 된다.

"이제 '할 수 있다'고 생각해보렴."

그러자 펜은 곧바로 바닥으로 떨어진다.

쿠에가 다른 아이에게 말한다.

"자리에서 일어나거라. 너는 저기 있는 아이의 머리를 주먹으로 때릴 거다. 이렇게 말해라. '저 아이를 때리고 싶지만 할 수 없어!' 그러면 때리지 못하게 될 거야. 주먹과 머리 사이에 쿠션이 있어서 못 만지는 것처럼 말이야."

그리고 젊은 남자에게 말한다.

"일어나서 자신에게 말합니다. '다리가 움직이지 않는다. 제대로 걷고 싶지만 걸을 수 없어!' 그리고 걸어보세요. 걸을 수 없을 겁니다. 쓰러질 것 같다고 느낄 겁니다."

남자는 일어나서 다리를 고정시키고 걸으려 한다. 하지만 비틀거리다가 막 쓰러지려 한다.

"이제 '걸을 수 있어!' 라고 말하세요."

남자는 긴장을 풀고 걷기 시작한다.

그러자 이번에는 다른 남자에게 말한다.

"자신에게 '의자에 붙었어. 일어나고 싶지만 할 수 없어!' 라고 말하세요."

남자는 할 수 없다고 생각하며 일어나려 한다. 하지만 일어나려고 하면 할수록 의자에 꼭 붙은 것처럼 보인다.

"이제 '더 이상 의자에 붙어 있지 않다.' 고 생각하세요. '나는 일어날 수 있다.' 고요."

남자는 쉽게 의자에서 일어난다.

"마음속에 새긴 생각 모두가 그대로 실현된다는 것을 알겠지요? 물론 한계성을 감안한 범주 안에서입니다. 그래서 우리는 올바른 생각을 계속해야 합니다. 몇 초간 '할 수 없어.' 라고 마음속으로 생각했다면 바로 그 생각을 '할 수 있어.' 로 바꾸세요. 비록 처음에 '할 수 없다.' 고 생각했어도 할 수 있다는 걸 알게 되고, 실험은 성공하게 됩니다."

이제 여러분은 제 말을 이해했습니다. 모두 눈을 감으세요. 외부에 시선을 빼앗기지 않기 위해서입니다. 눈을 감으면 차분해지고 더 잘 경청할 수 있게 됩니다.

준비가 됐으면 자신에게 말합니다. 제가 하는 모든 말들은 마음속에 각인되어 새겨집니다. 앞으로도 의지나 지식 없이 계속 새겨진 채로 남게 될 것입니다.

여러분과 여러분의 장기는 무의식적으로 완벽하게 제 말을 따르게 될 겁니다. 왜냐하면 제가 드리는 말씀은 모두 여러분을 돕기 위한 것이기 때문입니다. 따라서 여러분은 쉽게 제 말을 받아들일 것입니다.

이제부터 여러분의 모든 신체 기능은 점점 좋아집니다. 무엇보다 가장 중요한 소화 기능이 좋아집니다. 여러분은 하루에 세 번 규칙적으로 배가 고플 것이며, 즐거운 마음으로 식사를 하게 됩니다. 물론 과식을 하지는 않습니다. 음식물도 잘 씹어 넘깁니다. 이것은 모두에게 해당되지만 특히 간에 이상이 있어서 고생하시는 분들은 더욱 음식물을 잘 씹도록 주의하게 됩니다. 그러면 음식물은 삼키기 좋게 부드러운 상태가 됩니다. 이러한 조건에서 소화는 쉽게 이루어집니다. 곧바로는 아니어도 점차적으로 그렇게 됩니다. 지금까지 속이 불편하게 느껴졌다면 위의 거북함이나 통증이 점차 사라집니다.

장염을 앓는 사람이 있다면 장염 증상이 점차 사라질 것입니다. 장 내의 염증은 사라지고 염증으로 수반된 점액과 막 또한 사라집니다. 만일 위가 팽창되어 있다면 잃었던 탄성과 힘을 되찾고 정상적인 크기로 돌아옵니다. 또한 위의 움직임이 점차 원활해져 장의 소화를 촉진시킵니다.

소화가 증진되면 자연스럽게 흡수도 잘될 것입니다. 여러분 모두가 그렇지만 특히 몸이 약한 사람들은 더욱 그럴 겁니다. 신체 장기는 음식물의 영양소를 흡수하여 에너지를 받아들이고, 그 에너지는 혈액과 근육, 그리고 생명 그 자체를 만드는 데 쓰입니다.

여러분은 모두 날마다 더욱 강인하고 활력이 넘칩니다. 지금까지 여러분을 지배하고 있던 약하고 피곤하다는 느낌은 사라지고, 대신 강하고 활기찬 모습으로 바뀌게 됩니다. 빈혈 증세가 있는 사람에게선 빈혈이 떠납니다. 혈액의 질과 색이 좋아지고 건강해집니다. 지금까지 꼬리에 꼬리를 물던 병주머니들도 모두 떠나갑니다.

생리 주기가 불규칙한 사람은 앞으로는 매달 정상적으로 이루어집니다. 28일 주기로, 생리 기간은 나흘 정도입니다. 양도 너무 많거나 너무 적지 않습니다. 생리 기간 중이나 이후에도 생리통은 예전처럼 심하지 않을 것입니다. 통증으로 인해 괴롭지 않을뿐더러 많은 여성들이 생리 중에 겪게 되는 신경 흥분도 느끼지 않을 것입니다. 이것은 자연스러운 기능이며, 어떤 식으로든 문제를 일으키지 않을 것입니다.

소화와 흡수 기능이 좋아지면서 대소변의 배설도 규칙적으로 이루어질 겁니다. 이것은 건강의 필수조건이기 때문에 강조합니다. 여러분은 하루도 예외 없이 아침에 침대에서 일어나면, 혹은 아침 식사 후 20분쯤 지나면 변을 보고 싶어집니다. 그리고 항상 만족할 만한 결과를 얻게 됩니다. 약에 의존하거나 인공적인 수단을 쓰지 않고도 말입니다.

그리고 매일 밤마다 잠을 자고 싶으면 바로 잠들며, 아침에 일어나고 싶은 시간에 일어나게 됩니다. 잠을 깊게 푹 자게 되며, 악몽도 꾸지 않고 상쾌한 기분으로 눈을 뜹니다. 기쁘고 행복하고 편안함을 느낍니다.

어떤 곳에 있든 어떤 환경에 처하든, 날씨가 춥든 덥든 강풍이 불든 비가 오든 눈이 오든, 악몽에 시달리지 않고 깊은 잠을 자게 될 겁니다. 꿈을 꾸지 않는다는 말이 아닙니다. 기분 좋게 꿈을 꾸고 방해를 받지 않게 됩니다.

신경 불안증을 겪고 있다면 소화, 흡수, 배설, 수면 상태가 점차 나아짐에 따라 신경증도 사라지고 평온함이 느껴질 것입니다. 점차 자신을 스스로 다스리는 주인이 됩니다. 신체적, 정신적인 면에서 모두 그렇게 됩니다. 모든 병적 증세가 사라지거나 전보다 덜해집니다. 예전에 병적 느낌과 환상으로 괴로웠다면 이런 증상은 모두 사라지게 됩니다.

마지막으로 무엇보다도 여러분 모두에게 가장 중요한 핵심을 말씀드리겠습니다. 지금까지 자신을 불신했다면 이제부터 그러한 불신감은 점차 사라지게 됩니다. 대신 자신감으로 바뀌게 됩니다. 여러분은 자신감을 갖게 됩니다. 아시겠습니까? 자신감을 갖게 됩니다.

반복해서 말하지만, 자신감은 원하는 일이 무엇이든 잘하고 뛰어나게 해낼 수 있게 합니다. 그리고 조건에 따라 자연적으로 이치에 맞는 범주 내에 있습니다. 신체적, 정신적 건강을 바라는 것은 이치에 맞습니다. 따라서 이치에 맞는 일을 하고 싶을 때나 의무적인 일이 있다면 할 일이 쉽다고 믿으세요.

같은 맥락에서 '어렵다, 불가능하다, 할 수 없다, 나보다 세다, 어쩔 수 없다, 그럴 수밖에 없다' 등, 입버릇처럼 내뱉던 말들이 머릿속에서 완전히 사라집니다. 이해하시겠지요? 이런 말은 문장이 아닙니다. 진짜 문장은 '쉽다! 나는 할 수 있다!' 입니다. 이 말로 인해 당신은 경이로운 일들을 이뤄낼 수 있습니다.

당신이 바라는 일이 쉽다고 믿으면 정말 그렇게 됩니다. 비록 다른 사람들에게 어렵게 느껴지는 일일지라도 말입니다. 당신은 노력을 들이지도 않고 지치지도 않으면서 빠르고도 즐겁게 일을 해냅니다. 반면 일이 어렵고 불가능하다고 여기면 또 그렇게 됩니다. 단지 그렇게 생각했기 때문입니다.

Chapter 8

질병을 치료하기 위한
자기 암시

만약 길에 바나나 껍질이 놓여 있다면, 당신이 바나나 껍질을 밟고 미끄러져서 다리가 부러질 수도 있기 때문에 그것을 치워야 합니다. 바나나 껍질을 밟고 다리가 부러지는 건 눈 깜박할 사이입니다. 그런데 다친 부위가 나으려면 얼마나 걸리지요? 암시를 쓴다면 몇 주가 걸릴 겁니다. 하지만 다리가 부러지지 않았다면 고치려고 고생하지 않아도 됩니다. 따라서 암시를 할 때마다 당신이 가는 길에 놓인 바나나 껍질을 치워서 다리를 부러뜨리는 일이 없게 막아야 합니다. 신체적으로나 정신적으로도 마찬가지입니다.

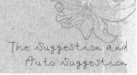

환자들을 치료하기 위한
에밀 쿠에의 연설 모음

통증이 발, 다리, 무릎, 허리, 옆구리를 비롯한 어느 부위에서 느껴지든 상관없습니다. 지금 이 순간부터 통증을 일으키는 원인이 관절염이든 다른 것이든, 점차 사라지고 없어질 것입니다.

원인이 사라지면 병세도 점차 호전됩니다. 통증이 사라진다고 말하는 것은 대패로 나무판을 밀어 깎아내는 것과 마찬가지입니다. 통증이 다시 올 것 같다고 느끼면 통증에 대해 생각하거나 아파하지 말고 자신에게 "조금도 애쓰지 않고 통증을 내보낼 수 있어!"라고 말하십시오. 하지만 그렇게 안 될 거라고 의심하면 성공하지 못합니다. "노력해서 보내겠어!"라고 말하면 안 되는 이유는, '노력한다는 것'은 '의심하는 것'을 뜻하기 때문입니다.

따라서 할 수 있다고 확신하면서 통증을 내보내야 합니다. 이것은 신체적인 질병뿐만 아니라 정신적인 질병에도 똑같이 적용됩니다.

몸이 아프거나 어떤 곳이 좋지 않다면 조용히 방으로 갑니다. 하지만 상황에 따라 길거리에서도 할 수 있습니다. 그리고 자리에 앉아 눈을 감습니다. 정신적으로 괴롭다면 이마에 손을 얹습니다. 몸이 아프면 그곳에 손을 얹고 "사라진다, 사라진다."라고 반복해서 말합니다.

알아듣지 못할 정도라도 상관없으니 매우 빠르게 말합니다. "사라진다, 사라진다."를 빠르게 말해서 아프다는 생각이 말하는 사이에 끼어들지 못하도록 하는 것이 핵심입니다. 이렇게 하면 실제로 사라진다고 생각하게 됩니다. 마음속에 새겨 넣은 모든 생각이 현실이 되듯이 말이지요. 통증이 다시 오면 열 번, 스무 번, 오십 번, 백 번, 이백 번이라도 필요할 때까지 계속 반복하는 겁니다. 통증 때문에 괴로워하며 아파하는 것보다 '사라진다'고 말하면서 하루를 보내는 것이 훨씬 낫습니다.

통증을 참고 극복해서 마지막 참호로 보내세요! 이런 과정을 거치면 횟수는 점차 줄어들게 됩니다. 만약 오늘 오십 번을 했다면 내일은 두 번이 줄고, 다음 날은 두 번이 더 줄고……. 이렇게 해서 얼마 지나지 않아 더 이상 할 필요가 없게 될 것입니다.

폐

폐에 이상이 있는 사람들에게 말하겠습니다. 지금부터 여러분의 폐는 점점 강해지고 원기 왕성하게 될 것입니다. 소화력이 회복되면서 장기들이 기관지나 가슴, 등, 폐의 외상 부위를 고치는 데 필요한 요소들을 스스로 찾을 것입니다.

외상 부위가 점차 가라앉으면 통증을 동반했던 증세도 점차 사라져, 나중에는 완전히 없어질 것입니다. 만일 가래나 혈담이 나온다면 점차 양이 줄어들고 편안해집니다. 폐 쪽에 압박감이 든다면 이런 증상도 점차 줄어들게 됩니다. 천식증으로 나오던 기침과 발작도 줄어듭니다. 나중에는 완전히 사라지게 됩니다.

눈

눈 때문에 고생하시는 분들은 눈에 생긴 어떤 상처라도 조금씩 나아서 결국은 사라질 겁니다. 사물이 점점 잘 보이다가 저 멀리 있는 것도 똑바로 볼 수 있게 됩니다.

근시로 고생하는 사람은 수정체가 너무 늘어져 있지요. 수정체는 망막 앞에 상을 비추는 역할을 하는데, 이제부터는 점점 팽팽해져서 멀리 놓인 상도 비추게 될 것입니다. 그리고 시간이 지나면 수정체 두께가 정상으로 돌아오고 시력도 정상이 됩니다.

밤에 오줌을 지리는 아이

밤에 자다가 이불에 오줌을 지리는 아이들은 다시는 그런 일이 생기지 않습니다. 2주가 지나도 마찬가지입니다. 지금부터는 오줌이 마려울 때마다 눈을 뜹니다. 그리고 항상 곧바로 오줌을 누러 갑니다. 다시 침대로 돌아와 베개에 머리를 대고 눕는 순간부터 다음 날 아침, 혹은 다시 깰 때까지 잘 자게 됩니다. 혹여 다시 깨더라도 바로 잠이 듭니다. 증세가 나았다고 생각해도 계속 암시를 줘야 합니다. 항상 "나는 모든 면에서 날마다 점점 더 나아지고 있다."라고 말합니다. 생각하는 대로 되기 때문에 자기암시를 주면 앞으로 살아가면서 많은 혜택을 받게 될 것입니다.

발을 저는 아이

아이의 한쪽 발이 다른 쪽 발에 비해 튼튼하지 않기 때문에 발을 저는 것입니다. 지금부터 장기들이 점점 더 튼튼해져서 기존의 세포가 새로운 근육 세포를 형성하는 데 필요한 요소를 찾아 공급하며, 세포들은 더욱 건강하게 만들어집니다. 아이의 다리에 점점 살이 붙습니다. 살짝 절던 다리가 점점 나아지면서 마침내 완전히 정상이 됩니다.

신경 발작증

신경 발작증이 있는 분들은 더 이상 발작이 일어나지 않을 것입니다. 그러나 만약 발작이 일어날 것 같으면 항상 그전에 미리 알게 될 것입니다. 제가 하는 말의 뜻을 알겠지요? 경고의 메시지를 듣는 증상이 생기게 된다는 것입니다. 제 목소리가 머릿속에서 들릴 겁니다. 저는 번개같이 빠르게 당신에게 말합니다.

"발작은 일어나지 않습니다. 사라집니다. 사라졌습니다!"

발작은 올 새도 없이 사라질 것입니다.

공부하는 학생

모든 학생들에게 말하겠습니다. 이제부터 학생들은 착하고 순종적이며 부모님, 할아버지, 할머니, 삼촌, 선생님의 말씀을 잘듣는 아이가 됩니다. 그리고 존경하고 따르는 사람들의 말을 잘듣게 됩니다. 그들이 무슨 말을 하거나 지적하면 그 말에 주목해야 한다는 것을 알게 됩니다.

대개 학생들은 누군가에게 뭔가를 지적당하면 귀찮다거나 지겹다고 여기기 쉽습니다. 하지만 이제 꾸지람을 듣거나 혼이 나더라도 귀찮게 하려고 한 말이 아니라, 모두 자신들을 위한 가르침이란 것을 깨닫게 될 겁니다. 학생들은 앞으로 꾸짖어준 사람에게 복수심 대신 가르침을 준 것에 대해 감사하게 됩니다. 그리고 일을 좋아하게 될 겁니다. 지금 학생들이 해야 할 일은 대부분 공부이므로, 학습해야 할 모든 과목의 공부를 좋아하게 될 겁니다. 별로 관심이 없던 과목까지도 재미있어집니다.

학생들은 종종 어떤 과목을 싫어한다고 상상합니다. '아, 수학은 싫어! 역사도 재미없어!' 라고 말이지요. 특정 과목이 싫어지는 이유는 단지 그 과목이 싫다고 상상하기 때문입니다. 그러나 반대로 어떤 과목을 좋아한다고 생각하면 그 과목은 좋아지게 됩니다. 이렇게 암시를 주면 앞으로 어떤 과목이든 쉽게 배울 수 있다는 것을 알게 됩니다.

지금부터 학교에서 선생님이 수업을 진행할 때 한 마디, 한 마디에 집중하게 됩니다. 옆자리의 친구들이 말하는 소리나 장난 혹은 스스로 쓸데없는 행동에 정신을 팔지 않습니다. 여러분은 똑똑한 학생입니다. 알겠지요?

여러분은 똑똑해서 배우는 내용을 잘 이해합니다. 그리고 배운 내용은 머릿속에 그대로 남아서 필요할 때마다 기억해서 쓸 수 있게 됩니다. 학교나 집에서 자습할 때는 해야 할 과제나 내용에 집중해서 공부할 수 있게 됩니다. 앞으로는 성적 때문에 꾸지람 들을 일이 없습니다.

간 질환

간에 질환이 있는 분들은 지금부터 장기와 무의식적 자아가 간의 외상을 낫게 하기 위해 필요한 일이면 무엇이든 할 것입니다. 비정상적으로 보이던 증상도 사라집니다. 모든 장기들은 정상적으로 기능합니다.

간은 정상적으로 담즙을 분비하며, 담즙은 장으로 흘러들어 장내의 소화 흡수를 돕습니다. 간장으로 인해 복통이 유발되는 경우, 이제부터는 간에서 예전처럼 산성이 아닌 알칼리성 담즙이 분비될 것입니다. 전에 말했듯이 이 산성 담즙으로 인해 담즙관에 침전물이 쌓여 담석이 됩니다. 지금 몸속에 쌓인 담석은 녹아 없어지지는 않습니다. 그래서 담즙관을 거칠 때마다 담석 때문에 통증을 느끼게 되는 겁니다. 하지만 담석을 제거하고 나면 더 이상 담석이 만들어지지 않을 겁니다.

심장 질환

심장에 질환이 있는 사람들에게 말합니다. 이제부터 신체 장기와 무의식적 자아가 심장 질환을 없애는 데 필요한 역할을 해서 심장은 정상적인 기능을 회복하게 됩니다. 이에 따라 순환은 호전되고, 가슴이 답답하고 두근거려서 느끼던 괴로움도 점차 경감됩니다. 그리고 결국 사라지게 됩니다.

(심장이 아픈 아이에게) 심장의 아픈 곳이 사라질 거란다.

(아이의 어머니에게) 심장 질환이 계속 남아 있을지도 모릅니다. 하지만 신체 장기가 일종의 보상을 위한 일을 합니다. 따라서 병이 완치되지 않더라도 이 아이는 더 이상 괴로워하지 않게 됩니다. 다른 아이들처럼 아무렇지도 않게 살아갈 수 있습니다.

1912년에 치료했던 어떤 소년도 마찬가지였습니다. 그 아이는 병이 낫지 않았습니다. 하지만 소년은 자전거도 탔고 축구도 즐겼고 소풍도 갔지요. 젊은이가 되어서도 심장 때문에 전시에 부상병 명부에 두 번이나 이름이 올랐습니다. 그러더니 석 달 전에 결혼했습니다. 더 이상 병으로 고통받지 않는다는 증거겠지요.

뇌 장애, 마비

아가씨는 뇌염으로 인한 대뇌 장애 증세가 보입니다. 하지만 장애는 점차 호전될 겁니다. 장애가 사라지는 것과 같은 정도로 병세도 점차 사라지는 것을 느끼게 됩니다. 피로와 권태감과 무기력증도 점차 사라집니다.

지금까지 마음속을 메웠던 공허함이 강인함과 활력으로 바뀝니다. 그리고 일을 하고 싶어집니다. 일을 해야 합니다. 마당에 땅을 파는 일이나 구멍을 채워 넣는 일일지라도 사람은 일을 해야 합니다.

반드시 일을 하고 싶다는 생각이 들어야 합니다! 당신의 어머니는 일을 하라고 말하고, 나는 어머니를 통해 말하고 있습니다. 당신에게 말하는 사람은 바로 접니다. (명령조로) 제 말을 듣고 있다면 당신은 반드시 일을 해야 합니다.

코

선생은 코 때문에 고통을 받고 있습니다. 신체 장기와 무의식적 자아가 코에 있는 외상이나 염증이 사라지는 데 필요한 일을 합니다. 그리고 만성 기관지염도 시간이 지남에 따라 증상이 줄어들고 사라지게 됩니다. 천식은 말할 것도 없지요. 거의 다 나았기 때문입니다. 다 나았습니다!

다리의 통증

당신은 다리의 통증이 사라진다고 느낍니다. 일시적으로 사라지는 것이 아니라 완전히 없어지는 겁니다. 다시 통증이 올 것을 두려워하지 마세요. 두려워하지 말고 이렇게 말하세요.

"통증은 다시 오지 않아!"

그러면 다리가 뻣뻣하게 굳는 느낌이 사라집니다. 배도 편안해집니다. 내적인 괴로움을 갖고 있으면 무의식적 자아가 괴로움을 사라지게 하는 데 필요한 일을 하게 됩니다.

신장, 방광

신장이나 방광이 불편한 사람들도 증세가 점점 사라집니다. 시간이 지나면 병세가 아예 사라져 완치됩니다. 더 이상 어떤 통증도 느끼지 않습니다. 예전에 신장과 방광에서 심하게 느껴지던 통증도 없습니다. 소변도 정상적으로 보게 되고 이제 잔여물도 남지 않습니다.

요통

요통으로 고통받은 사람들은 앞으로 몸 상태가 정상적이며 규칙적으로 돌아오게 됩니다. 신장에서는 지나친 요산을 만들지 않습니다. 물을 많이 마시면 요산 결정체가 덜 생기게 되고 통증도 약화되므로 도움이 됩니다.

우울증

우울증으로 고통받는 사람들은 매일 점점 더 나아집니다. 우울증도 점점 줄어듭니다. 대신 전에는 생각지도 못했던 신체적, 정신적인 건강함을 느끼게 될 것입니다. 당신은 신체적, 정신적으로 자신을 다스리는 주인이 될 것입니다. 하루 종일 일해도 지치지 않는 그런 날이 올 겁니다. 주의할 점은 노력을 들이면서 힘을 낭비해서는 안 되며, 힘을 충전해야 한다는 것입니다.

혀의 종양

선생의 혀에 난 종양은 수술이 필요할 정도로 자랐습니다. 이제부터 신체 장기는 기생 세포를 없애는 데 필요한 일을 할 것입니다. 그러면 비정상적인 세포들이 건강한 세포로 바뀌고 상처도 점점 나아질 겁니다.

종기

몸에 종기가 난 사람들의 장기는 종기를 없애는 데 필요한 일을 하게 됩니다. 염증은 점점 가라앉고 고름의 양도 매일 점차 줄어듭니다. 상처는 잘 아물고 완전히 낫게 됩니다.

떨림 증세

몸이 떨리는 사람들에게 말하겠습니다. 몸이 갑자기 굳거나 떨리거나 몸을 똑바로 세우지 못한다거나, 허리 통증, 한쪽이 마비되는 증상은 모두 뇌나 신경계의 특정 장애로 인해서 발생합니다. 앞으로는 이런 장애가 매일 점점 나아지고 계속 그렇게 될 겁니다.

몸이 떨리는 원인이 사라지고, 그것 때문에 초래된 다른 영향도 사라집니다. 뻣뻣하던 몸도 점차 풀리고 똑바로 설 수 있게 될 것입니다. 손과 팔이 떨리는 느낌은 점점 줄고 대신 자신이 점점 강해지는 것을 느끼며 건강해지고 있다는 확신이 듭니다.

걸을 때 천천히 보폭을 넓혀서 걸으세요. 발을 조심해서 벌리고 왼발을 내밀어 오른발 앞에 놓고 다시 오른발을 내밀어 왼발 앞에 놓으세요. 이렇게 해서 균형을 잡습니다.

정맥류

정맥류가 있는 사람들의 장기와 무의식적 자아는 상처 부위를 낫게 하는 데 필요한 일을 해나갑니다. 정맥의 세포 조직이 본래의 정상적인 힘과 밀도로 회복됩니다. 정맥이 낫는 것만으로 충분한 게 아니라, 정맥류 궤양이 나아야 합니다. 신체 장기는 상처 부위가 건강한 세포로 재생되는 데 필요한 일을 하고 상처는 치유됩니다. 상처는 점점 아물어 시간이 지나면 완전히 낫게 됩니다.

정맥염

정맥염으로 고생하는 사람들의 장기와 무의식적 자아가 치료 작업을 위해 필요한 모든 일을 진행합니다. 정맥염이 생기면 대정맥은 피가 응고되어 막히고, 혈류는 자연적으로 느려지게 됩니다. 이로 인해 부종이 생깁니다. 따라서 무의식적 자아는 이를 고치는 데 필요한 일을 합니다. 즉 염증에 걸린 정맥의 피가 잘 흐를 수 있도록 굵어지고 염증이 점차 사라지게 됩니다.

탈장

탈장 때문에 고통받는 사람들에게 말하겠습니다. 이제부터 장기와 무의식적 자아는 찢어진 복막 세포 조직의 상처를 낫게 하는 일을 하게 될 겁니다. 찢어진 복막 부위를 지나면서 탈장이 생겼던 것입니다. 이제부터 무의식적 자아는 점차 찢어진 세포를 재생시킵니다. 찢긴 구멍은 점차 작아지고 탈장은 점점 줄어듭니다. 구멍은 채워지고 탈장 증세는 완전히 사라집니다.

이상 성장

성장에 이상이 있는 사람들은 그 원인이 무엇이든 장기와 무의식적 자아가 기생 세포를 없애는 데 필요한 일을 할 것입니다. 기생 세포들이 파괴되면서 크기와 굳기가 정상으로 돌아옵니다. 그 후 재흡수를 막으면서 이상 성장은 사라지게 됩니다.

건망증

건망증이 있는 사람들은 기억이 나지 않는다고 말합니다. 하지만 이것은 단지 그렇게 생각했기 때문입니다. 건망증은 기억을 잊었다고 생각할 때만 일어납니다. 기억이 돌아온다고, 돌아올 것이라고 생각해야 합니다.

좋지 않은 습관(알코올중독 등)

어떤 것에 강한 유혹을 받는 사람들에게는 현혹되지 않고 물리칠 수 있는 힘이 생길 겁니다. 더 이상 고통스런 괴로움은 없습니다.

의심증

끊임없이 의심하는 병이 있었다면 불신과 의구심 대신 신뢰감이 자리 잡게 됩니다. 그리고 그동안 당신이 찾아왔던 것을 발견하게 됩니다.

슬픈 생각

마음속에 슬픈 생각을 가지고 있는 사람들은 이제부터 그런 생각들이 점점 없어집니다. 슬픈 생각들은 점점 약해지다가 더 이상 당신의 머릿속에 맴돌지 않습니다. 슬픈 생각이 들려고 할 때마다 이런 생각을 하세요. '사라진다, 사라진다!' 고요. 마음의 문 밖으로 슬픈 생각을 밀어버리는 겁니다.

당신을 낫게 하는 것은 '바로 당신'이라는 사실을 깨닫게 되기를 바랍니다. 병의 치료는 당신에게 달려 있습니다. 이것은 매우 중요합니다. 이미 제가 치료사가 아니라고 말했습니다만, 당신이 여기 없거나 제가 함께할 수 없으면 더 이상 도와드릴 수 없습니다. 하지만 당신 안에 자신을 치유하는 힘이 있다는 것을 깨닫게 되면 필요할 때마다 꺼내 쓰기만 하면 됩니다. 우울함에 빠지는 경향이 있다면, 그런 경향이 점차 줄어들고 기쁨과 즐거움으로 바뀔 것입니다.

지금까지 불건전한 생각이나 두려움과 혐오감을 비롯해 당신의 신체와 정신을 해치는 병적인 생각들에 사로잡혀 괴로웠다면, 이제부터 그런 생각들은 당신의 마음에서 모두 빠져나갑니다. 저 멀리 떠가는 구름처럼 사라질 겁니다.

이런 생각들을 두려워하는 대신 정면으로 주시하며 웃으세요. 더 이상 떠올리지 않는 겁니다! 그리고 이제는 "난 너무 늙었어. 이겨내지 못할 거야. 너무 오래 되었어. 항상 이렇게 고통받고 살 거야." 같은 말들을 입버릇처럼 내뱉어서는 안 됩니다.

이러한 행동은 정말 말도 안 됩니다! 자신에게 올바르고 긍정적인 사실을 들려줘야 합니다. 이렇게 자기암시를 걸면 걸수록 더 빨리 완전한 현실이 됩니다.

"난 낫고 있는 중이야. 난 점점 좋아지고 있어!"

매일 건강이라는 새로운 벽돌을 하나씩 쌓아 집을 만들어나갑니다. 얼마 후 당신은 완전히 건강을 회복할 것입니다. 이런 마음 상태를 유지하게 되면 건강은 빠르게 좋아집니다.

이제 셋을 세겠습니다. 제가 "셋!"이라고 하면 지금 상태에서 빠져나오게 됩니다. 조용하게 빠져나와 완전히 정신이 깨어납니다. 전혀 졸리지도 피곤하지도 않습니다. 활기 넘치고 건강하게 됩니다. 항상 이렇게 신체적으로 정신적으로 건강하다고 느낄 것입니다.

"하나, 둘, 셋!"

강연의 맺음말

저는 여러분에게 좋은 조언을 했습니다. 제 조언이 실현되기 위해서는 여러분이 살아 있는 한, 정확히 말해서 하루나 한 달, 일 년이 아닌 평생 동안 암시를 계속해야 합니다.

아침에 잠에서 막 깨어났을 때와 매일 밤 잠자리에 들기 전에, 눈을 감고 충분히 들릴 정도로 소리를 내어 스무 번씩 반복해서 말합니다. 끈에 20개의 매듭을 엮어서 세면 편리합니다.

"나는 모든 면에서 날마다 점점 더 나아지고 있다."

이 말을 반복하면서 특정한 것을 떠올리지는 않습니다. '모든 면에서'가 모든 것에 적용되기 때문입니다. 핵심은 이 말을 할 때 아이가 말하듯 단순하게 단조로운 어조로 해야 한다는 것입니다. 그리고 무엇보다도 특히 중요한 것은 노력을 들여서는 안 된다는 점입니다. 이것이 핵심 조건입니다. 기도를 드릴 때처럼 말하면서 '나는 모든 면에서 날마다 점점 더 나아지고 있다'는 생각을 마음에 새겨 넣습니다.

여러분은 이제까지 설명을 들으며 실험을 같이 했습니다. 이를 통해 마음속의 모든 생각은 현실이 된다는 것을 알게 되었습니다. 따라서 '나는 나을 것이다.'라는 생각을 하면 병은 낫게 됩니다. 반대로 아프다는 생각을 마음에 새기면 아프게 되지요.

자기암시는 양날의 검과 같습니다. 잘 다루면 훌륭하게 쓰이지만 잘못 다루면 불행을 초래합니다. 지금까지 여러분들은 이 무기를 무의식적으로 다루었고 자신에게 나쁜 자기암시를 해왔습니다.

하지만 제가 가르쳐준 방법으로 나쁜 자기암시를 막을 수 있습니다. 만일 옳지 못한 자기암시를 한다면 자신의 탓이라고 말합니다.

모든 일이 잘될 때도 "지금은 괜찮으니까 암시를 안 해도 되겠지."라고 말해서는 안 됩니다. 반대로 "악을 치료하는 것보다 예방하는 것이 훨씬 쉬운 법이지."라고 자신에게 말합니다.

만약 길에 바나나 껍질이 놓여 있다면, 당신이 바나나 껍질을 밟고 미끄러져서 다리가 부러질 수도 있기 때문에 그것을 치워야 합니다. 바나나 껍질을 밟고 다리가 부러지는 건 눈 깜박할 사이입니다. 그런데 다친 부위가 나으려면 얼마나 걸리지요? 암시를 쓴다면 몇 주가 걸릴 겁니다. 하지만 다리가 부러지지 않았다면 고치려고 고생하지 않아도 됩니다. 따라서 암시를 할 때마다 당신이 가는 길에 놓인 바나나 껍질을 치워서 다리를 부러뜨리는 일이 없게 막아야 합니다. 신체적으로나 정신적으로도 마찬가지입니다.

의식적으로 암시를 쓰게 되면 여러분은 놀라운 일들을 이뤄나가게 될 것입니다.

오직 여러분 자신에게 달려 있습니다.

Chapter 9
환자들이 보낸
감사 편지

선생님의 가르침은 날이 갈수록 효과가 있다고 실감하게 됩니다. 저는 매일 자기암시로 점점 더 좋아지고 있습니다. 이 요법의 진실성에 매일 선생님께 축복을 드리고 싶습니다.

저는 자기암시법 덕택에 선생님이 이끌어주시는 방향대로 제 자신을 다스릴 수 있게 되었을 뿐만 아니라, 더욱 강인해졌습니다. 예순여섯 살에 이렇게 건강하게 살아갈 수 있다는 사실이 믿기지 않을 정도입니다. 또한 자기암시법을 알기 전에는 종종 지병에 시달렸는데, 선생님의 지침을 받고 나서부터 건강을 되찾게 되었습니다.

에밀 쿠에가
받은 편지

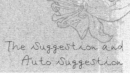

The Suggestion and
Auto Suggestion

중등 영어 교사 시험 성적 결과가 2시간 전에 공고되었습니다. 비록 제 일이지만 선생님께 소식을 알려드리고 싶다는 마음이 앞섰습니다.

저는 시험에 높은 성적으로 합격했습니다. 시험을 보기 전에 불안증으로 속이 울렁거리는 느낌도 들지 않았습니다.

시험을 치르는 동안에도 스스로 놀랄 정도로 마음이 차분했고, 인터뷰 감독관들도 제가 침착하다는 인상을 받았습니다. 그렇게 가장 두려웠던 시험에서 성공을 거두었습니다. 감독관은 제가 2등을 했다고 알려주었습니다.

선생님의 도움에 정말 감사드립니다. 자기암시로 수많은 지원자들을 제치고 좋은 결과를 얻게 되었습니다.

1916년 8월, 여교사 V양(이 여성은 과도한 불안증으로 1915년에 시험에 불합격했다. 자기암시 실행 후 불안증은 사라졌고 200명의 지원자 중에 2등으로 합격했다.)

암시법의 도움을 받고 나서 감사의 마음을 전하는 글을 올릴 수 있게 되어 참으로 기쁩니다. 선생님을 찾아뵙기 전에는 50m도 채 걸을 수 없었습니다. 하지만 이제는 숨이 차지도, 지치지도 않고 몇 킬로미터를 걸을 수 있습니다. 지금은 하루에도 몇 번씩 40분 정도 걸리는 거리를 걸어 다닙니다. 고통스러웠던 천식 증세도 완전히 사라졌습니다. 정말 감사드립니다.

1917년 8월, 폴 셰놋

어떻게 감사를 드려야 할지 모르겠습니다. 선생님 덕분에 저는 완치되었습니다. 그래서 감사를 드릴 순간을 고대하고 있었습니다.

저는 양다리의 하지정맥류와 오른발에 있던 주먹 크기만 한 궤양 때문에 고생했는데, 지금은 다 나았습니다. 병이 마법처럼 사라진 것입니다.

아픈 동안 몇 주나 침대에 누워서 생활해야 했지만, 선생님이 보내주신 편지를 읽고 나서부터 궤양이 낫기 시작했고, 결국 자리에서 일어날 수 있었습니다. 왼발에 난 궤양은 아직 완전히 낫지 않았지만 곧 나을 것입니다.

지금도 잠자기 전과 아침에 깼을 때 자신감을 갖고 선생님이 가르쳐주신 암시 구절을 반복하고 있습니다. 예전에는 다리가 마치 돌처럼 딱딱하고 스치기만 해도 아팠는데, 이제는 눌러도 아프지 않고 다시 걸을 수 있게 되었습니다. 정말 기쁩니다.

1918년 5월, 링니 샤롯트

(주목할 점은 이 여성이 에밀 쿠에를 만난 적이 없다는 것이다. 에밀 쿠에가 4월 15일에 보낸 편지를 읽고 스스로 자기암시를 실행한 후, 5월 3일에 그 결과를 답장으로 보냈을 뿐이다.)

선생님께 감사의 마음을 담아 글을 올립니다. 저를 수술의 위험에서 구해주셨기 때문입니다. 저는 자기암시법만을 써서 19일 동안 앓았던 장 폐색증에서 벗어날 수 있었습니다.

병을 고치기 위해 온갖 약을 먹으며 치료를 받았지만 아무런 소용이 없었습니다. 하지만 선생님의 지시를 따르고 자기암시법을 행한 순간부터 몸의 기능이 정상적으로 돌아왔습니다.

1920년 2월, S부인

선생님, 저는 병이 완치되어 얼마나 행복한지 모릅니다. 선생님께 어떻게 감사드려야 할지 모르겠습니다.

저는 15년 동안 천식을 앓으며 매일 밤을 숨 막히는 고통으로 지새웠습니다. 하지만 선생님의 강연에 참석해서 알게 된 자기암시법을 행하자 천식은 마법처럼 사라졌습니다. 지금까지 만난 모든 의사들이 제 병은 나을 수 없는 거라고 단정했던 사실을 돌이켜보면 기적이 아닐 수 없습니다.

1920년 2월, V부인

새로운 치료법을 알게 해주신 선생님께 진심으로 감사하다는 말씀을 전하기 위해 편지를 씁니다. 요정이 마술 지팡이로 마술을 부리듯 간단한 방법으로 놀랄 만한 결과가 나타났습니다.

저는 처음부터 선생님의 자기암시법에 관심을 가졌고, 그 후로 스스로 요법을 실행하며 효과를 보고 있습니다. 저는 열정을 가지고 매일 자기암시를 실행하는 열광적인 지지자가 되었습니다.

1920년 5월, 바쉐 박사

지난 8년간 자궁 탈장으로 고생했습니다. 하지만 5개월 전부터 자기암시법을 시행한 후 병이 완치되었습니다. 진심으로 감사드립니다.

술리에 부인, 1920년 5월

11년 동안 매일 밤 계속된 천식 발작과 불면증으로 인해 몸이 쇠약해진 저는 아무 일도 할 수 없었습니다. 피로에 지치고, 정신적으로도 우울해지고, 걱정이 끊이지 않았으며, 과대망상증도 있었습니다. 여러 치료를 받았지만 효과가 없었습니다. 심지어 스위스에 가서 비개골코선반뼈 치료도 받아보았지만 역시 소용이 없었습니다.

1918년 11월, 병은 더 악화되었고 큰일이 닥쳤습니다. 남편이 코르푸섬에서 전함 사무관으로 일하고 있었는데, 엿새 동안 독감을 심하게 앓던 아들이 세상을 떠나고 말았습니다. 열 살 난 아들은 우리 부부의 삶에 있어 유일한 기쁨이었습니다.

아들을 잃고 홀로 남은 슬픔은 너무도 컸습니다. 아이를 보호해주지 못하고 생명을 구하지 못한 것이 제 탓이라고 자책했습니다. 미쳐버리거나 죽고 싶었습니다. 2월이 되어 돌아온 남편은 저를 새로운 의사에게 데려갔습니다. 의사는 여러 치료법과 약을 썼고 저는 물 좋기로 유명한 몽도르로 요양을 갔습니다. 그곳에서 8월 한 달을 보내고 돌아왔는데 천식이 재발되었고, 절망스럽게도 '모든 면'에서 증세는 악화되어 갔습니다. 그러던 중에 선생님을 만나게 되었습니다.

지난 10월에 처음으로 선생님의 강연을 들었을 때는 별다른 기대를 하지 않았습니다. 하지만 11월 말에 접어들면서 제 병은 완치되었습니다. 불면증과 우울증도 마법처럼 사라졌습니다.

저는 이제 건강하고 마음은 용기로 가득 차 있습니다. 몸도 원래의 건강을 회복했고, 정신적으로 안정을 얻었습니다. 아들을 잃은 상처는 지울 수 없겠지만, 그래도 저는 행복하다고 자신 있게 말할 수 있습니다. 왜 진작 선생님을 만나지 못했을까요? 그랬다면 하늘로 간

제 아이는 저를 의욕적이고 용기 있는 엄마로 알았을 텐데요. 선생님
께 거듭 감사를 드립니다.

1920년 4월, E. 이티에

이제 30년 동안 저를 지치게 했던 병에 맞설 수 있게 되었습니다.
지난 8월에 선생님을 뵙고 운 좋게 도움을 받을 수 있었기 때문입니
다. 로레인의 집에서 머무는 며칠 동안 저는 몸이 아프고 슬펐습니
다. 걱정과 고민에 휩싸여 매사가 두려웠고, 편안함도 건강도 모두
잃었습니다. 저는 막다른 곳에 몰렸고, 신앙도 없었습니다. 도와줄
사람을 간절히 찾고 있을 때, 우연히 사촌 집에서 선생님을 뵙게 되
었습니다. 선생님은 제가 찾고 있던 모든 도움을 주셨습니다. 이제 저
는 새로운 정신으로 일하면서 몸을 건강한 상태로 만들도록 무의식에
암시를 주고 있습니다. 저는 다시 전처럼 건강해질 거라고 장담합니
다. 신장병과 당뇨병도 눈에 띄게 나았고 녹내장도 없어지고 있습니
다. 시력도 정상으로 돌아오고 몸도 전체적으로 많이 좋아졌습니다.

1920년 1월, T. H. 교수

저는 좋은 성적을 받고 심사위원들의 찬사를 들으며 논문을 읽었
습니다. 이 모든 영광을 선생님께 돌립니다. 선생님이 그 자리에 계
시지 않아, 그 저명한 논문 심사위원들이 선생님의 따뜻하고 동정 어

린 목소리를 직접 들을 수 없어서 안타까울 뿐이었습니다.

　이제 선생님의 가르침을 여러 대학에서 들을 수 있게 되었습니다. 제게 고마워하지 마세요. 저는 선생님께 더 많은 빚을 졌으니까요.

J. J. 루소 인스티튜드의 샤를 보두앵 교수

　저는 선생님의 용기를 찬양하며, 자기암시법이 제 친구들을 유용하고 지적인 방향으로 이끌어줄 거라고 믿습니다. 선생님의 가르침으로 저뿐만 아니라 환자들도 혜택을 받게 되었습니다. 요양소에서도 선별적으로 자기암시법을 적용하고 있으며, 이미 눈에 띄는 효과를 보고 있습니다.

1920년 3월, 베리옹 박사

　흥미로운 강의만큼 친절한 내용의 편지 잘 받았습니다. 선생님께서 타인암시와 자기암시의 연관성을 이해하기 쉽도록 설명해주셔서 기쁩니다. 특히 자기암시 과정 중에 의지가 개입되어서는 안 된다고 하신 말씀에 주목하게 됩니다. 이는 자기암시를 연구하는 수많은 교수와 의사들이 깨닫지 못한 사실이기도 합니다. 자기암시와 의지 훈련은 분명히 구분되어야 할 것입니다.

1920년 3월, 반 벨셍

저를 기억하고 계시는지요? 저는 선생님을 가장 고마운 분이라 생각하고 있습니다. 선생님의 가르침은 날이 갈수록 효과가 있다고 실감하게 됩니다. 저는 매일 자기암시로 점점 더 좋아지고 있습니다. 이 요법의 진실성에 매일 선생님께 축복을 드리고 싶습니다.

저는 자기암시법 덕택에 선생님이 이끌어주시는 방향대로 제 자신을 다스릴 수 있게 되었을 뿐만 아니라, 더욱 강인해졌습니다. 예순여섯 살에 이렇게 건강하게 살아갈 수 있다는 사실이 믿기지 않을 정도입니다. 또한 자기암시법을 알기 전에는 종종 지병에 시달렸는데, 선생님의 지침을 받고 나서부터 건강을 되찾게 되었습니다.

주위 사람들에게 선행을 베푸시는 만큼 선생님은 복을 받게 되실 겁니다. 하느님께 감사드립니다.

M 부인

자기암시를 실행하고부터 저는 점점 좋아지고 있습니다. 선생님께 진심으로 감사드립니다. 폐의 외상도 사라졌고 심장도 정상입니다. 생활하면서 아무 문제가 없습니다. 소변에서 알부민도 검출되지 않았습니다. 저는 정말 건강해졌습니다.

1920년 6월, 르메트르

저는 선생님의 논문을 읽고 강연을 들은 뒤, 많은 관심을 갖게 되었습니다. 인류의 번영을 위해 선생님의 강연 내용이 세계 각국 여러 나라 언어로 번역되어 출간되기를 바랍니다. 인종과 국적을 떠나 사람들 안에 있는 '상상'이라는 힘을 명쾌하고 현명하게 설명하고 증명해 보이신 선생님은, 상상의 힘을 잘못 다뤄 고통받는 불행한 사람들에게 커다란 혜택을 주셨습니다.

저는 그동안 의지에 대해 다룬 많은 책을 통해 수많은 문구와 사상, 격언 등을 읽고 접했습니다. 그러나 선생님의 말씀은 결론적입니다. 제가 '자신감의 간편한 알약'이라 부르는 선생님의 치유법이 그토록 지적이고 전형적인 문구에 담겨 있었다니 놀라울 따름입니다.

마드리드에서 돈 앤리크 C.

'자기 통제'에 대한 선생님의 소논문은 강한 주장과 인상적인 사례를 담고 있습니다. 의지의 힘을 상상으로 대체하는 것은 뛰어난 성과라고 생각합니다. 훨씬 단순하고 설득적입니다.

A. F.

선생님께 위장의 상태가 많이 좋아졌다고 말씀드릴 수 있어서 기쁩니다. 자궁염도 많이 좋아졌습니다. 제 아들은 허벅지에 계란만 한 종양이 있었는데 점점 작아지고 있습니다.

E. L.

결핵으로 왼쪽 다리에 세 번의 수술을 받았는데도 1920년 9월에 또 다시 통증이 시작되었습니다. 몇몇 의사들은 다시 수술을 받아야 한다고 했습니다. 무릎에서 발목까지 절개를 한 후 수술이 성공하지 못하면 다리를 절단해야 한다고 했습니다. 그러던 중 선생님께서 환자들을 낫게 하신다는 소문을 듣고 1920년 11월에 처음으로 뵈러 갔습니다. 강연 후에 바로 통증이 완화되는 것을 느꼈습니다. 저는 선생님의 지침을 따르며 진료소를 세 번 방문했고, 세 번째 방문 때 완치되었다고 말씀드릴 수 있었습니다.

L부인

선생님께 받은 은혜에 대한 감사를 더 이상 미룰 수가 없습니다. 자기암시는 저를 긍정적으로 변화시켰고, 저는 몇 년 전보다 훨씬 좋아졌습니다. 병세는 점차 수그러들었고, 몸 기능이 정상적으로 돌아오고 있습니다. 전에는 몸이 마르고 수척했는데 이제 몸무게도 제법 늘었습니다. 쿠에 선생님께 감사를 드리지 않을 수 없습니다.

칸느에서 L.

제 딸은 1917년 이후부터 간질을 앓아왔습니다. 여러 의사들이 열네 살에서 열다섯 살 사이에 증상이 없어지거나, 아니면 악화될 거라고 했습니다. 그러던 중 선생님에 대한 말을 듣고 지난 12월부터 5월까지 딸을 데리고 가서 치료를 받았습니다. 그러자 딸은 완치되었고 6개월 동안 증상이 재발되지 않았습니다.

레랭

8년간 자궁하수를 앓았는데 5개월간 자기암시를 실행하고서 완치되었습니다. 어떻게 감사의 마음을 전해야 할지 모르겠습니다.

술리에 부인

저는 1917년부터 녹내장을 앓아왔습니다. 제 증세를 본 두 곳의 안과 의사가 수술을 받아도 완치된다고 장담할 수 없다고 했습니다.

하지만 1920년 6월의 강연에 참석한 후 증세는 많이 좋아졌습니다. 9월에는 안약으로 썼던 필로카르핀녹내장 치료제을 쓰지 않아도 될 정도로 통증이 사라졌습니다. 부풀어 있던 동공도 정상으로 돌아왔습니다. 정말 기적입니다.

M. 부인

의학 논문의 저자 에밀 쿠에에게 바치는 헌사

에밀 쿠에는 인간의 영혼을 상세히 분석하여 의식적 자기암시를 기초로 한 심리 요법을 발견해냈습니다. 그는 이에 대해 찬사를 받아 마땅합니다. 의지와 상상을 연관시켜 '상상'을 다루는 법을 이끌어낸 쿠에는 사람들에게 자신감을 심어주며 정신적인 힘을 열 배 이상 성장시키도록 도왔습니다.

P. R. 박사

저는 선생님의 치료를 참관하면서 많은 것을 깨닫게 되었습니다. 매일 결과를 보고 직접 암시를 실행하면서 든 생각은, 선생님의 말씀처럼 자기암시의 가능성과 미래에는 한계가 없다는 것입니다.

자기암시는 아이들의 신체를 변화시킬 뿐만 아니라, 의식을 변화시켜 범죄를 줄어들게 하고 마약 복용을 줄이게 하는 등 인간의 모든 삶 속에서 무궁무진하게 뻗어나갈 것입니다.

조세핀 M.

저는 많은 것을 기대하며 선생님께 왔습니다. 선생님의 친절함 덕분인지 제가 얻은 결과는 기대 이상이었습니다.

몽타그 S.

에밀 레옹이
받은 편지

The Suggestion and
Auto Suggestion

자기암시법을 알게 해주신 선생님께 전부터 감사의 글을 올리고 싶었습니다. 그 훌륭한 방법 덕분에 신경 발작증이 완전히 사라졌고, 병이 거의 나았다고 확신합니다. 게다가 꺾이지 않는 안내자인 '제안의 우수한 힘'으로 저를 감싸며, 그 도움으로 삶의 어려움도 쉽게 극복해가고 있습니다.

파리 부갱빌가 4번지에서 F부인

알려주신 자기암시법을 시행하면서 변하는 제 자신에 놀랐습니다. 진심으로 감사드립니다.

8년간 앓았던 오른쪽 어깨의 관절 류머티즘과 그보다 더 긴 세월 동안 앓아온 만성 기관지염이 1년 동안의 치료로 완치되었습니다. 그

동안 수많은 의사들이 치료가 불가능하다고 했지만, 선생님의 치료법으로 건강을 되찾은 저는, 제 안에 무한한 힘이 있다는 것을 확신할 수 있었습니다.

파리 라오스가 4번지에서 T부인

놀라운 요법으로 변화된 저에 대해 알려드림과 동시에 선생님의 따뜻한 도움에 대한 고마움을 전하고자 글을 올립니다. 저는 빈혈이 있었고 건강 상태가 좋지 않았습니다. 남편과 사별하고 나서 상태는 더욱 악화되었습니다.

게다가 신장병 때문에 똑바로 설 수도 없었고, 신경증과 만성피로로 만사가 다 귀찮게 느껴졌습니다. 하지만 자기암시법으로 이런 병세들이 모두 사라지자, 저는 완전히 다른 사람이 되었습니다. 더 이상 병 때문에 괴롭다고 느끼지 않으며 인내심과 힘을 갖게 되었습니다.

제 친구는 이렇게 변한 저를 알아보지 못했습니다. 저는 새로 태어난 사람이 되었습니다. 이렇게 명확하고 간단한 방법으로 좋은 영향을 받을 수 있다는 사실이 신비롭게 느껴집니다. 이 놀라운 요법과 결과들을 주위 사람들에게 전하고 싶습니다. 앞으로도 더욱 좋은 결과를 낼 수 있도록 자기암시를 계속 시행하겠습니다.

1920년 6월 파리에서 M. L. D.

좋은 요법을 가르쳐주신 것에 대해 어떤 말로 감사를 드려야 할지 모르겠습니다. 정말 너무도 행복합니다! 제 삶을 완전히 바꿔준 선생님을 알게 해주신 하느님께 감사드립니다. 전에 저는 생리통이 너무 심해서 아무것도 못하고 거의 침대에 누워 있어야 했습니다. 하지만 지금은 생리도 규칙적이고 통증도 거의 없습니다. 소화도 마찬가지입니다. 더 이상 예전처럼 우유만 마시고 살지 않아도 됩니다. 속이 쓰리지도 않고 편안합니다. 정말 기쁩니다.

예전에는 약을 놔두고 외출한다는 것은 생각할 수도 없는 일이었지만, 지금은 여행 다닐 때 더 이상 두통에 시달리지 않는 걸 보면서 남편이 놀랄 정도입니다. 이제는 약이 필요하지 않습니다. 대신 선생님께서 가르쳐주신 구절을 아침저녁으로 스무 번씩 반복합니다.

"나는 모든 면에서 날마다 점점 더 나아지고 있다."

1920년 10월 파리에서 B. P. 올림

선생님의 요법은 병원의 치료로 얻는 효과보다 훨씬 좋다고 생각합니다. 과학의 불확실한 결과에 바탕을 둔 소위 '과학적 체계'라고 부르는 것을 능가합니다. 과학은 불확실 속에서 자신을 기만하며, 학자들의 변론에도 불구하고 과학적 관찰 방법은 상당히 불안정합니다. 반면 선생님의 방법은 모든 것에 충족되며 목적과 바로 이어져 있습니다.

확신을 갖고 요법에 따르면 놀라운 혜택을 얻습니다. 환자를 고통에서 자유롭게 하고, 관용과 지식을 최고의 수준으로 전합니다. 이 요법을 대체할 다른 방법은 없습니다. 선생님이 강조해서 말씀한 것처럼 '복음서'라고 할 수 있습니다. 선생님의 행동과 말씀을 신뢰할 수 있도록 보고하고, 요법을 전해야 합니다. 저도 가능한 빨리 요법을 전하겠습니다.

P. C.

저는 이 훌륭한 의식적 자기암시법을 시행한 후로 매일 달라지고 있으며, 그 결과에 놀라고 있습니다. 예전에는 몸과 마음이 상당히 좋지 않았습니다. 하지만 이제는 건강하고 의욕이 생깁니다. 우울증이 사라지고, 대신 힘이 솟아오릅니다. 이러한 변화가 정말 좋다고 확신합니다.

이전의 저는 불행한 사람이었습니다. 소화 기능도 안 좋았는데, 이제는 소화도 잘되고 장 기능도 원활해졌습니다. 불면증 증세도 있었는데, 이제 밤이 짧게 느껴질 정도입니다. 지금은 열심히 일할 수 있습니다. 가끔 류머티즘 때문에 통증을 느끼지만, 자기암시법을 계속 한다면 통증도 점차 사라질 거라고 믿습니다.

진심으로 감사드립니다.

파리에서 프리리 올림

카프만이
받은 편지

선생님께서 가르쳐주신 자기암시법을 따르면서 점점 더 좋아지고 있다고 느낍니다. 진심 어린 감사를 드립니다. 자기암시법으로 치료된 저는 그 탁월한 요법이 주는 혜택에 대해 고마움을 전할 자격이 있다고 생각합니다.

저는 요법을 쓰기 전에 폐의 외상으로 피가 섞인 침을 토했습니다. 식욕이 없었고 먹지 않아도 매일 구역질이 났으며 살도 많이 빠졌고 만성 변비에도 시달렸습니다. 하지만 선생님의 치료를 받고 나자 각혈 증상이 바로 멎었습니다. 더 이상 음식을 먹어도 토하지 않았고 지긋지긋한 변비도 사라졌습니다. 식욕도 돌아오기 시작해서 두 달 후에는 몸무게도 많이 늘었습니다.

주위에 계신 부모님과 친구들은 제 건강이 회복되는 것을 주시했습니다. 몇 달 동안 치료를 담당한 의사도 관심을 가지고 결과를 지켜보았습니다. 저는 자기암시가 가져오는 좋은 효과를 전적으로 믿고 따르면서 제게 다시 생명을 얻고 살아갈 수 있게 힘을 준 이 요법을 공개적으로 밝혀야 한다고 느꼈습니다. 다른 사람들에게 유익하다면 제 이름을 밝히는 것도 좋습니다. 여러분 모두 저를 믿어주시길 바랍니다.

감사하는 마음을 담아······.

1918년 3월, 장 길리

자기암시의 혜택을 누리게 해주신 선생님께 감사를 드리는 것이 도리라고 생각합니다. 정말 고맙습니다. 자기암시법으로 고통스러웠던 심장 질환에서 벗어날 수 있게 되었습니다. 몇 달 동안 사라졌던 식욕도 돌아왔습니다.

저뿐만 아니라, 제가 간호사로 근무하고 있던 병원의 입원 환자 또한 기적적으로 회복되었다는 걸 아실 겁니다. 그는 폐결핵에 걸려 매일 많은 피를 토하곤 했습니다. 환자의 가족과 저는 하늘이 선생님을 그에게 보냈다고 여겨 매우 두근거렸습니다. 그는 선생님의 치료를 처음 받는데도 각혈이 사라지고 식욕을 되찾더니, 선생님께서 몇 번 더 치료해주시자 모든 장기가 조금씩 제 기능을 회복했습니다. 특히 그가 강연에 참석해서 완치되었다고 선언했을 때는 모두 놀라고 기뻐했습니다. 이 모두가 선생님 덕분입니다.

진심으로 감사드립니다.

1918년 3월, A. 케트너

제 아들 실뱅의 병을 치료해주신 선생님께 감사의 편지를 이제야 보냅니다. 저는 완전히 포기 상태였습니다. 의사들은 저에게 아들은 가망이 없으니 요양소로 보내는 게 좋겠다고 했습니다. 그러던 중 코라드 부인에게서 선생님을 찾아가보라는 말을 듣게 되었습니다.

처음에는 '무슨 소용이 있을까?' 하는 회의적인 생각이 들었습니다. 하지만 선생님의 요법으로 실뱅은 완치되었습니다. 식욕도 좋아졌고, 여드름과 편도선의 부기도 완전히 가라앉았습니다. 게다가 선생님을 뵙고 나서부터 기침을 한 번도 하지 않았습니다. 6월부터는 몸무게가 약 3kg 정도 늘었습니다.

아무리 감사드려도 부족하다고 생각합니다. 다만 모든 사람들이 이 요법으로 혜택을 받게 되길 간절히 소망합니다.

1920년 8월, 포이송 부인

제 삶을 구해주신 선생님께 어떻게 감사한 마음을 표현해야 할까요? 저는 선천적 전위 심장병을 앓았고, 호흡 곤란으로 인한 발작이 계속 일어났습니다. 증상이 매우 심해 매일 모르핀 주사를 맞고도 한

순간도 쉴 수 없었습니다. 음식을 먹으면 먹는 대로 거의 다 토했습니다. 머리에 찌르는 듯한 통증이 생기더니 머리 전체가 퉁퉁 부었고, 나중에는 시력도 잃게 되었습니다. 죽고 싶은 심정이었고 통증으로 몸부림쳤습니다.

간농양(화농균이나 아메바의 침입으로 간에 고름이 생기는 병)에 걸렸는데 주치의는 거의 모든 치료 방법을 썼습니다. 사혈, 부항, 난절(일정한 상처를 내는 것), 냉온 찜질 등 가능한 모든 치료를 받았지만 증세는 달라지지 않았습니다. 그러다가 담당 의사의 권고를 받아 친절하고 자상하게 환자들을 대해주시는 쿠에 선생님의 요법을 따르게 되었습니다.

첫 방문 후에 발작 강도가 약해지고 빈도도 줄더니 이내 사라졌습니다. 그렇게 괴로웠던 밤에도 깨지 않고 잠을 잘 수 있게 되었습니다. 간의 통증도 완전히 없어졌습니다. 다시 음식을 먹기 시작했고, 소화도 잘되었습니다. 몇 달간 상상조차 못했던 배고픔을 느꼈고, 두통이 가라앉았으며, 시력도 많이 좋아졌습니다. 이제 수작업도 할 수 있을 만큼 건강해졌습니다.

선생님이 찾아오실 때마다 제 몸이 자연적으로 회복되는 것을 느꼈습니다. 저뿐만 아니라 담당 의사도 매주 점점 더 좋아지는 걸 확인했습니다. 그렇게 11개월 동안 침대에 누워 생활하던 제가 마침내 병이 완치되어 자리를 털고 일어나게 되었습니다. 불편함도 느끼지 않고 어지럽지도 않았습니다. 2주 후에는 외출도 가능했습니다.

제가 치료된 것은 다 선생님 덕분입니다. 담당 의사는 모든 의술을 다 써보았지만 아무것도 쓰지 않은 게 제일 나았다고 말했습니다. 2명의 의사가 가망이 없다고 포기한 병이 기적같이 나아 완치된 것입니다.

저는 이제 고기도 먹을 수 있고 빵도 많이 먹습니다. 어떻게 감사를 전할 수 있을까요? 다시 한 번 말씀드리지만, 제가 건강히 살 수 있게 된 것은 오로지 선생님이 알려주신 자기암시법 덕분입니다.

1920년 11월, 낭시에서 장 그로스장

개인적으로 저는 자기암시를 과학이라고 생각합니다. 자기암시는 제게 많은 도움을 주었습니다. 제가 계속 자기암시에 특별한 관심을 보이는 이유는 자기암시야말로 진정한 자비를 실행할 수 있는 방법이기 때문입니다.

1915년에 쿠에 선생님의 강연에 처음으로 참석했을 때는 사실 회의적이었습니다. 하지만 제 앞에 펼쳐진 셀 수 없는 증거와 사실들을 받아들일 수밖에 없었습니다. 자기암시가 경우에 따라 신체 장기에 다른 강도로 자연스럽게 적용되는 것을 알게 되었기 때문입니다. 물론 매우 드물게 신경쇠약이나 상상병 같은 신경증에 잘 듣지 않은 경우도 있었습니다. 그래서 쿠에 선생님도 카프만 선생님처럼 더욱 강조해서 이 점을 주장합니다.

"나는 기적을 바라고 환자를 치료하지 않는다. 하지만 스스로 낫게 하는 법을 알려준다."

이 점은 아직도 믿기 어렵다고 솔직히 말하겠습니다. 쿠에 선생님이 실제로 사람들을 치료하지 않는다고 해도 그들이 건강을 회복하는 데 많은 도움을 주기 때문입니다. 환자들에게 마음을 내어준다는 차원에서 말입니다. 쿠에 선생님은 사람들이 희망을 잃지 않도록 용기를 북돋아, 보다 높은 정신세계로 이끌어갑니다. 이것은 물질주의에 빠진 사람들이 도달해본 적이 없는 차원입니다. 저는 자기암시를 연구할수록 자신감의 법칙과 사랑을 더 잘 이해하게 되었습니다.

예수님이 우리에게 '네 이웃을 사랑하라'고 하신 것처럼, 선생님은 고통으로 쓰러진 우리에게 마음과 정신력을 베풀어주시며 바로 일어설 수 있도록 하셨고, 몸이 아프면 나을 수 있게 도와주려고 하셨습니다. 기독교적 관점에서 봤을 때, 자기암시의 적용은 우리 모두가 하느님의 자식이라는 사실에 대한 이해를 돕는 과학이라 할 수 있습니다. 우리는 모두 우리 안에 타고난 힘을 가지고 있습니다. 힘을 제대로 다스리면 정신의 차원이 높아지고 신체적인 병이 치유됩니다. 만일 누군가가 자기 안에 내재된 힘을 모르거나 불완전하게 알고 있다면, 그 힘에 대해 함부로 판단해서는 안 될 것입니다.

1920년 11월, 선생님을 믿고 따르는 M. L. D

Chapter 10
자기 암시와 교육

아이들을 대할 때는 침착한 태도로 부드럽지만 확고한 어조로 말해야 한다. 그러면 아이들은 권위에 저항하지 않고 순순히 말을 따르게 될 것이다. 무엇보다 중요한 점은 잔인하고 혹독한 언동을 삼가야 한다는 것이다. 아이를 지나치게 엄격하고 잔인하게 대하면 그대로 암시가 되어 자기가 싫어하는 상대에게 잔인하게 해도 된다는 자기암시를 초래할 수 있다.

교육자의 암시가 아이들에게 미치는 영향

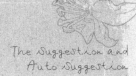

The Suggestion and
Auto Suggestion

아이의 교육은 태어나기 전부터 이루어져야 한다.

임신 후 몇 주가 지나면 산모는 장차 태어날 아이의 성별이나 원하는 모습을 마음속으로 그리게 된다. 앞으로 태어날 아이는 엄마가 임신 기간 동안 마음에 품은 이미지대로 품성을 갖고 태어나게 된다.

스파르타 여인들은 신체적으로 강건한 아이들을 낳았다고 한다. 이 아이들은 건장한 전사들로 자랐다. 왜냐하면 엄마들이 임신을 했을 때 나라를 지킬 강인한 영웅을 낳기를 간절히 바랐기 때문이다. 반면 아테네 여인들은 신체적 능력보다 지적 능력이 훨씬 뛰어난 아이들을 낳았다.

태어나기 전부터 좋은 암시를 받아들인 아이는 계속해서 암시를 자기암시로 바꾸어 발전시키게 되고, 이런 암시는 아이의 장래에 지

대한 영향을 미친다. 우리가 하는 말이나 행동은 다른 사람에게 보고 들은 말이나 행동으로 암시를 받아 자기암시로 전환된 결과에 지나지 않는다.

그러면 부모들과 아이의 교육을 담당한 교사들은 나쁜 자기암시를 일으키지 않기 위해 어떻게 해야 할까?

우선 아이들을 대할 때는 침착한 태도로 부드럽지만 확고한 어조로 말해야 한다. 그러면 아이들은 권위에 저항하지 않고 순순히 말을 따르게 될 것이다. 무엇보다 중요한 점은 잔인하고 혹독한 언동을 삼가야 한다는 것이다. 아이들을 지나치게 엄격하고 잔인하게 대하면 그대로 암시가 되어 자기가 싫어하는 상대에게 잔인하게 해도 된다는 자기암시를 초래할 수 있다.

또 아이들 앞에서 다른 사람의 흉을 보거나 욕을 하지 않도록 주의해야 한다. 부모들이 별 뜻 없이 남의 흉을 볼 때가 가끔 있는데, 아이가 그런 모습을 닮게 되면 후에 좋지 못한 결말을 초래할 수도 있다.

더불어 아이가 사물의 이치를 알고 자연을 사랑하는 마음을 갖도록 해야 한다. 가능하면 흥미를 불러일으킬 수 있도록 알기 쉽고 기분 좋게, 차분한 어조로 모든 걸 설명해준다. 아이들이 질문을 던질 때 "귀찮게 하지 말고 조용히 해! 나중에 배울 거야."라며 딱 잘라 거절하지 말고 흥미를 잃지 않도록 상냥하게 답해준다.

아이에게 "넌 게으르고 아무것도 잘하는 게 없어."라는 말은 어떤 이유로든 해서는 안 된다. 아이는 당신이 그런 식으로 꾸짖은 말을 속으로 더 깊게 품게 된다.

만일 아이가 학업에 게으름을 피우고 불성실한 태도를 보이면 때를 봐서 이렇게 말한다.

"언젠가는 평소보다 공부가 더 잘되는 날이 올 거야. 잘했다."

비록 이 말이 사실이 아닐지라도 평상시와 달리 칭찬과 격려를 받은 아이는 그 후로 성실하게 공부를 잘하게 된다. 아이에게 직설적으로 공부를 못한다고 꾸짖으면 안 된다. 그러면 나쁜 자기암시를 일으킨다.

아이 앞에서는 질병에 대한 말을 꺼내 나쁜 암시를 불러일으키지 않도록 하는 것이 좋다. 사람이 정상적일 때는 몸과 마음이 건강하며 병에 걸리는 것은 심신의 균형이 깨져 비정상적인 상태가 되는 것이라고 알려주면서, 병에 걸리지 않도록 늘 조심하고 규칙적인 생활을 해나갈 수 있도록 지도한다.

또한 계절이나 환경, 예를 들어 추위나 더위, 비바람 등을 두려워하여 마음속에 결함이 생기지 않도록 한다. 인간은 어떤 환경에서도 움츠러들지 않고 변화와 시련을 감당하고 극복할 수 있는 힘을 가지고 태어난 존재이므로 환경에 불평하지 않고 인내할 수 있어야 한다고 가르친다.

도깨비나 늑대 인간이 등장하는 무서운 이야기를 지나치게 들려주어서 아이들을 두렵게 만드는 것도 좋지 않다. 유아기에 형성된 소심한 마음은 사라지지 않고 이후에도 계속 영향을 미칠 위험이 있기 때문이다.

직접 키울 수 없어서 돌봐줄 사람을 찾아야 할 때는 신중해야 한다. 보육자는 단지 아이를 사랑하는 것만으로는 충분치 않으며, 부모가 바라는 자질을 갖춘 사람에게 아이를 맡겨야 한다.

아이들에게 공부와 일을 사랑하는 마음을 일깨워주는 것도 중요하다. 가르치는 내용을 알기 쉽게 차근차근 설명해주고, 아이가 배운 내용을 기꺼이 따라할 수 있도록 관련된 일화를 들려주면서 이해를 돕는다. 사람이 살아가는 데는 일이 꼭 필요하다는 인식을 시킨다. 일하지 않고 무위도식하는 사람은 가치 없고 쓸모없으며, 사회에서도 인정받을 수 없다는 사실을 알려준다.

일을 해야 건강하게 살 수 있고, 심오한 내적 만족을 느낄 수 있음을 가르쳐야 한다. 게으름을 피우다 보면 쓸데없는 물욕을 기대하게 되고, 피곤함을 느끼다 신경쇠약에 걸려 결국 삶을 혐오하게 된다. 게으른 사람은 만족할 만한 열정 없이 유혹과 방탕에 빠지거나 범죄를 저지르게 된다는 것을 철저히 깨닫게 한다.

모든 사람들을 예의 바르고 친절하게 대하도록 가르쳐야 한다. 특히 사회적 신분이 낮거나 가진 것이 없는 이들에게 상처를 주는 언행을 삼가도록 일깨워준다. 웃어른에게 존경심을 갖게 하고, 나이가 들어 거동이 불편한 노인들의 신체적, 정신적 결점을 놀리지 않도록 해야 한다.

사회적 신분의 차별을 떠나 전 인류를 사랑하도록 가르쳐야 한다. 누군가가 도움을 필요로 하면 손을 내밀어 구해줄 준비가 되어 있어야 한다. 도움이 필요한 사람에게 돈과 시간을 들이는 일을 꺼려서는 안 된다. 아이들에게 자신보다 남을 더 위해주는 마음을 기를 수 있도록 장려한다.

이런 마음을 키워간다면 이기적인 사람은 도저히 도달할 수 없는 내면의 흡족한 만족을 얻을 수 있음을 일깨워준다.

또한 아이의 자신감을 개발하도록 한다. 어떤 일을 시작하기 전에 합리적으로 잘 살펴서 충동적인 행동을 자제하도록 해야 한다. 문제를 잘 따져본 후 실수가 있었다고 알게 되기 전까지는 이전에 내린 결정을 잘 따르도록 한다.

'나는 성공할 것이다.'라는 확고한 생각으로 인생을 시작해야 한다고 가르쳐야 한다. 이런 생각을 갖고 살아가는 사람은 반드시 성공할 것이다. 아무것도 안 하고 가만히 앉아서 앞으로 일어날 일들을 기대하고 있으라는 말이 아니라, 이런 생각으로 나아간다면 아이는 꿈을 실현하기 위해 필요한 일을 할 것이다.

기회를 이용하는 법을 알아야 한다. 한 가닥의 실이나 머리카락 같은 기회에 불과하더라도 말이다. 자신을 불신하면 어떤 일에서도 성공할 수 없다. 왜냐하면 노력을 해도 모두 허사로 돌아가기 때문이다.

사실 알고 보면 그런 사람들은 기회가 둥둥 떠다니는 바다에서 헤엄치고 있는지도 모른다. 압살롬(이스라엘의 왕. 다윗의 셋째 아들로 머리숱이 많고 아름답기로 유명함)처럼 머리숱은 많은데 정작 한 가닥도 잡을 수 없는 것이다. 그리고 종종 실패를 자초하는 원인을 결정짓는다. 하지만 마음속에 성공이라는 생각을 담고 있는 자는 무의식에 영향을 주어 자신이 암시한 성공을 거두게 된다.

그리고 무엇보다도 부모나 지도자들은 실제 사례를 들어 가르쳐야 한다. 아이는 쉽게 암시에 걸리기 때문에, 아이가 바라는 것이 이루어진다는 본보기를 보여주면 그렇게 된다.

아이가 문장을 구사하며 말할 수 있게 되면 아침저녁으로 다음 구절을 스무 번씩 반복하게 한다.

"나는 모든 면에서 날마다 점점 더 나아지고 있다."

이 구절은 아이들에게 건전한 신체와 정신, 그리고 건강한 환경을 만들어줄 것이다.

다음에 제시하는 암시법은 아이의 결점을 없애고 바람직한 품성을 일깨워주는 데 도움을 줄 것이다.

매일 밤 아이가 잠자리에 들면 아이의 방으로 조용히 간다. 아이가 깨지 않게 조심하면서 침대에서 1~2m 정도 떨어진 곳에 선다. 그리고 나직하고 부드러운 목소리로 아이가 잘하길 바라는 것들, 예컨대 공부나 건강, 정신 집중 등 원하는 목표나 습관들을 스무 번씩 반복한 후에 조심스럽게 방에서 나온다. 이런 간단한 방법으로 아이는 매우 좋은 영향을 받게 된다.

그 이유는 간단하다. 잠이 들면 아이의 신체와 의식적 자아는 활동을 하지 않는 상태, 즉 휴식에 들어간다. 그렇지만 무의식적 자아는 잠들지 않고 항상 깨어 있다. 그러므로 깨어 있는 무의식적 자아가 부모의 말을 듣게 된다. 무의식적 자아는 무슨 말이든지 순순히 믿기 때문에 부모가 말한 모두를 있는 그대로 받아들인다.

그러면 나중에 아이는 부모가 갖추었으면 하는 품성과 습관을 지닌 채 크게 된다. 이런 암시법은 아이의 단점과 결점을 보완하여 보다 좋은 장점으로 작용할 것이라 예측할 수 있다.

교사들도 매일 아침에 학생들에게 다음과 같이 암시를 줘야 한다. 먼저 학생들에게 두 눈을 지그시 감게 한 다음 말한다.

"어떤 사람에게나 항상 예의 바르고 친절하게 대해라. 그리고 부모님과 선생님이 들려주는 말을 잘 새겨듣길 바란다. 만일 누군가가 너희에게 무슨 일을 시킨다든지 혹은 어떤 점을 지적받게 된다고 하

자. 그러면 주어진 지시나 지적 사항들을 지겹다고 느끼지 말고 잘 새겨들어야 한다. 이런 말이 귀찮게 느껴질지도 모른다. 하지만 모두 너희들을 위한 것이란 사실을 이해하게 될 거다. 충고해주는 분들에게 반항하는 대신 고마움을 느끼게 될 거다. 게다가 너희들은 어떤 과목이든지 모두 사랑하는 마음을 갖게 된다. 수업 시간에 익힌 내용을 즐겁게 배워나갈 것이다. 지금까지는 재미없었던 과목도 재미있게 느껴질 것이다. 수업 시간에 선생님 말씀을 집중해서 듣게 될 거다. 친구들의 말과 행동에 한눈을 팔거나 딴 짓을 하지 않고, 어리석은 말이나 행동을 스스로 자제하게 될 거다. 이런 조건들을 지킨다면 똑똑하고 지적 능력이 뛰어난 너희들은 배운 것을 쉽게 이해할 뿐만 아니라, 머릿속에 잘 기억할 수 있게 될 거다. 기억 속에 저장해둔 지식들은 생활에 활용될 것이며 필요할 때마다 얼마든지 꺼내어 유용하게 쓸 수 있다. 집에서 혼자 자습하며 예습과 복습을 할 때도 공부에 집중하게 되고, 후에 시험을 치르면 좋은 성적을 거둘 것이다."

이 조언을 믿고 진실로 따르면 신체적, 정신적으로 최상의 자질을 갖춘 제자들을 길러낼 수 있을 것이다.

Chapter 11

에밀 쿠에의 격언

일반적인 의견과는 달리 육체적인 질병은 정신적인 질병보다 훨씬 쉽게 치료된다. 뷔퐁은 '스타일로 그 사람을 알 수 있다'고 했다. 이 말은 '생각으로 사람을 알 수 있다'는 뜻이다. 실패할지도 모른다고 두려워하면 실패로 이어지고, 성공한다고 상상하면 성공하게 된다. 어떤 장애에 부딪혀도 극복할 수 있게 된다.

자기암시를 위한
에밀 쿠에의 격언들

The Suggestion and
Auto Suggestion

병에 걸릴지도 모른다는 생각으로 시간을 보내지 마라. 이런 생각은 없는 병도 만들어낸다.

의식적 자기암시는 자연스럽고 단순하게 확신을 가지고 실행하라. 그리고 일부러 노력해서도 안 된다. 잘못된 자기암시가 자주 좋지 않은 결과를 낳는 이유도 노력을 들이지 않기 때문이다.

당신이 원하는 것을 얻을 수 있다고 확신하라. 이치에 맞는 일이라면 반드시 얻게 될 것이다.

자기를 통제하기 위해서는 '그렇게 되고 있다'고 생각하는 것으로 충분하다. 손이 떨리고 걸음이 비틀거린다면 곧 멈출 거라고 자신에게 말하라. 그러면 증상이 점차 사라질 것이다. 믿을 사람은 시술자나 내가 아니라 당신 자신이다.

자신감을 가져야 한다. 자신을 치료할 수 있는 힘은 당신 안에 있다.

나는 그저 당신이 이 힘을 사용할 수 있도록 방법을 알려줄 뿐이다.

잘 알지 못하는 일에 대해 따지지 마라. 자신을 우습게 만들뿐이다. 기적 같은 일들도 알고 보면 매우 자연스런 인과 법칙에 의해 일어난다.

특이하게 벌어지는 일들 속에는 대개 당신이 파악하지 못한 원인이 숨어 있다. 원인을 알게 되면 세상에 기적 같은 일은 없다고 깨닫게 된다.

의지와 상상이 갈등을 일으키면 상상이 항상 승리한다. 우리는 이런 경우를 빈번하게 접하며 원하는 것과 정반대의 결과를 보게 된다. 잠을 이루려 애쓴다든지, 이름을 기억해내려고 한다든지, 웃음을 참으려고 노력한다거나 장애물을 피하려고 하면 할수록 마음속으로는 그렇게 할 수 없다고 상상한다. 그래서 더욱 정신이 멀쩡해지고 이름은 기억 저편에서 맴돌며 웃음은 더욱 터져 나오고 장애물을 향해 돌진하고 만다.

　인간의 능력 중에 가장 중요한 것은 의지가 아니라 상상이다. 의지를 훈련시켜야 한다고 조언하는 것은 크나큰 실수나 다름없다. 중요한 것은 의지가 아니며, 상상을 다루는 법을 배워야 한다.

　우리는 사물을 볼 때 그 자체가 아니라 자신의 관점에서 보이는 대로 판단한다. 이것은 우리가 세상 일이 모순처럼 보이는 이유를 설명해주는 열쇠다.

　의식을 통제할 수 있다고 믿으면 그렇게 된다.

　좋은 생각과 나쁜 생각, 모두 구체적인 실화가 된다. 즉 현실로 실현된다.

　자신을 만드는 것은 우리 자신이지 환경이 아니다.

　'나는 성공할 것이다.' 라는 생각으로 삶을 영위하는 사람은 성공하기 마련이다. 그런 사람은 기회가 단 한 번만 주어져도, 예를 들어 대머리에 남아 있는 한 가닥의 머리카락처럼 가능성이 희박해도 기회를 잡아서 성공으로 이끈다. 그는 의식적·무의식적으로 좋은 상황을 부른다.

반대로 자신을 의심하며 성공할 수 없다고 생각하면 아무것도 이룰 수 없다. 그런 사람은 단지 손만 뻗으면 잡을 수 있는 기회조차도 붙잡지 못한다. 스스로 그런 상황을 초래하는 것이다. 운명을 탓하지 말고 자신을 탓하라.

사람들은 노력의 중요성을 설파한다. 그러나 이런 생각은 잘못된 것이다. 노력은 의지를 뜻하고 의지는 반대의 의견을 부르는 상상을 개입시키기 때문에 원했던 것과 정반대의 결과를 낳게 된다.

해야 할 일이 있다면 가능한 한 항상 쉽다고 생각하라. 이렇게 의식하면 불필요한 힘을 쓰지 않게 된다.

일이 어렵다고 생각하면 힘을 필요 이상으로 쓰게 된다. 그것은 힘의 낭비다.

자기암시라는 도구는 다른 도구들처럼 다루는 법을 익혀야 한다. 아무리 좋은 총이라 해도 숙련되지 않은 손으로 다루면 비극적인 결말을 초래한다. 그러나 총을 다루는 기술을 익히고 훈련한다면 총알은 정확히 과녁에 적중한다.

자신감, 믿음, 인내로 다져진 의식적 자기암시는 이치에 맞는 범주 내에서 정확히 현실화된다.

자기암시를 행한 결과가 만족스럽지 못하다면 그 이유는 두 가지다. 하나는 자신감이 부족하기 때문이고, 또 하나는 노력을 했기 때문이다. 후자의 경우가 더 흔하다.

좋은 암시를 걸기 위해서는 결코 노력을 해서는 안 된다. 노력한다는 것은 의지를 쓴다는 것을 의미한다. 의지는 떼어놓고 분리시켜야 하며 오직 상상만을 써야 한다.

평생 건강해지려고 노력해도 잘 안 된다면 자기암시를 써서 즉시 치료될 수 있다고 상상하라. 말도 안 된다고 생각하는 건 실수다. 하지만 상식적인 수준 이상의 높은 기대치를 갖고 바라면 안 된다. 다만 조금씩 나아져서 완치된다고 생각하라.

치료사는 자기암시를 위해 여러 방법을 동원한다. 어떤 말이나 주문, 기도, 제스처, 연극 등을 환자들의 병이 나을 수 있도록 적절한 형태로 바꾸어 적용한다.

순전히 정신적인 원인 때문에 생긴 병을 제외하고, 모든 질병에는 두 가지 측면이 있다. 사실 신체적 질병과 정신적 질병은 상관성이 매우 높다. 만일 어떤 질병의 원인이 신체가 1이고 정신이 1, 2, 10, 20, 50, 100 혹은 그 이상이라고 가정하면, 이런 경우 대부분은 바로 사라질 수 있다. 예를 들어 어떤 질병이 정신적인 원인이 100이고 육체적 문제가 1이라면 100이 사라지면 1만 남는다. 이런 경우에 사람들은 기적이 일어났다고 한다. 하지만 기적이라고 할 것은 없다.

일반적인 의견과는 달리 육체적인 질병은 정신적인 질병보다 훨씬 쉽게 치료된다. 뷔퐁은 '스타일로 그 사람을 알 수 있다'고 했다. 이 말은 '생각으로 사람을 알 수 있다'는 뜻이다. 실패할지도 모른다고 두려워하면 실패로 이어지고, 성공한다고 상상하면 성공하게 된다. 어떤 장애에 부딪혀도 극복할 수 있게 된다.

시술자는 피시술자와 마찬가지로 암시에 신뢰를 가져야 한다. 신뢰와 믿음은 여타의 방법으로 효과를 보지 못한 피시술자에게 좋은 결과를 낳게 한다.

사람이 아니라 암시법이 행하는 것이다.

일반적인 생각과는 달리, 암시 혹은 자기암시로 신체 장기의 외상을 치료할 수 있다.

예전에는 최면 요법이 신경증 치료에만 쓸 수 있다고 했지만, 실제로는 치료 영역이 훨씬 넓다. 최면 요법은 신경계를 매개로 하여 작용하는데, 신경계는 모든 장기를 지배한다. 근육은 신경의 명령에 따라 움직인다. 신경계는 심장에 직접 작용하여 혈액 순환과 혈관의 팽창과 수축을 조절한다. 그러므로 건강하지 못한 모든 장기들에 영향을 끼칠 수 있다.

폴 주와르 박사신체 연구 협회 회장

도덕적인 영향은 치유에 많은 도움을 준다. 이것을 무시하는 것은 극히 잘못된 행동이다. 의학을 비롯한 인간의 모든 활동을 주도적으로 이끌어가는 것이 바로 도덕의 힘이기 때문이다.

루이스 레농 박사(파리 의대 교수, 넥커 병원 박사)

자기암시법의 원리를 무시하지 마라. 있을 수 없다고 생각되는 일이라도 낙관하라.

르네 드 드라브와

신뢰가 뒷받침된 암시는 힘을 지닌다.

파리의 A. L. 박사(1920년 7월)

확고한 자신감과 신뢰를 갖고 자신의 길을 걸어라. 그러기 위해서는 자신보다 타인의 복을 늘 기원하는 것이 좋다.

샤를 보두앵의 논문 『정신적 힘의 문화』에서

자기암시가 필요한 모든 사람들에게

대부분의 사람들은 뭔가 특별한 사람을 만나게 되리라 예상하고 저를 찾아옵니다. 마술사처럼 특별한 능력이 있는 사람이 마술적인 힘으로 병을 낫게 하는 게 아닌가 하고 생각합니다. 하지만 저는 여러분이 생각하는 그런 사람이 아닙니다.

저는 특별하지 않습니다. 많은 사람들이 저를 치유자라 부르지만 그렇지도 않습니다. 마술을 부리는 사람도 아닙니다. 저는 매우 단순한 사람에 불과합니다. 선량하고 그저 평범한 사람입니다.

제 역할은 사람들을 치유하는 것이 아니라, 스스로 치유할 수 있도록 자신을 향상시키기 위해 무엇을 할 수 있는지 가르치는 일입니다. 저는 우리가 평생 살아가면서 인식하지 못한 채 사용하는 어떤 도구로 이런 결과를 얻게 된다는 것을 보여줍니다. 그 도구는 '자기암시' 입니다.

자기암시는 우리가 선천적으로 가지고 있는 도구이며, 태어난 순간부터 밤이나 낮이나 언제든지 이 도구를 씁니다. 우리가 꾸는 꿈 모두가 자기암시에서 온 결과입니다. 우리가 하는 모든 행동과 말도 모두 자기암시, 즉 무의식적 자기암시의 결과라고 볼 수 있습니다.

과장하지 않고, 제가 주로 쓰는 예를 들겠습니다.

이제 막 태어난 지 하루가 지난 아기가 요람에 누워 있습니다. 아기는 갑자기 울음을 터뜨립니다. 부모 중 한 명이 요람에서 아기를 안아 듭니다. 아기는 울음을 멈춥니다. 부모는 아기를 달래며 다시 요람에 눕힙니다. 그러자 아기는 또 다시 웁니다. 부모는 두 번째로 아기를 요람에서 들어 안습니다. 아기는 다시 울음을 멈춥니다.

아기는 부모에게 암시를 주고 있는 겁니다. 이것은 대부분 성공하지요. 부모들은 운이 나쁘게도 아기가 울 때마다 안아줘야 한다며 자기암시를 건다고 합시다. 그러면 1년 내내 아기를 팔로 안고 살아야 합니다. 요람에 눕히는 게 훨씬 좋을 텐데도 말입니다. 아기는 속으로 '요람에서 나가고 싶을 때마다 울어야지.' 하고는 울게 됩니다. 그렇지 않나요?

반대로 부모가 아기를 1분, 15분, 30분, 1시간……. 이렇게 점차 시간을 늘려가며 울도록 놔둔다면 아기는 울어도 소용없다는 걸 알고 울지 않게 됩니다.

자기암시는 우리가 평생을 사용하는 도구이지만, 무의식적으로 쓰게 됩니다. 하지만 잘만 쓰면 좋은 혜택을 줍니다. 잘못 쓰면 불행을 초래할 수 있습니다. 마치 잘 쓰면 약이 되고 잘못 쓰면 독이 되는 것처럼 말입니다.

제가 하는 일은 사람들에게 이 도구에 대해 알려주고 의식적으로 사용하는 방법을 가르치는 것입니다. 위험한 도구라도 잘 알고 쓴다면 위험하지 않습니다. 위험은 위험을 모를 때 존재하는 것이지, 의식하고 있다면 위험하지 않습니다. 사실 이 방법은 매우 간단해서 놀라운 효과를 볼 수 있다고 생각하기가 힘들 정도입니다.

만일 우리가 슬픈 생각에 잠겨 있거나, 기능이 좋지 못한 신체 장기가 있거나 혹 몸이 아프다고 칩시다. 그럴 때는 슬픈 생각들이 상쾌한 생각들로 바뀌고, 장기는 조금씩 본래대로 기능을 회복하며, 아픈 부위가 어디든 통증은 사라진다고 상상해야 합니다. 그러면 실제로 그렇게 됩니다. 모두 가능한 생각들이니까요.

불안해서 눈물이 나온다고 생각하면 더욱 불안해지고 눈물이 나옵니다. 어떤 집에 저녁 식사 초대를 받았는데 그날 두통이 생길 것 같다고 생각하면 정확하게 두통이 생깁니다. 초대받은 날이 월요일이면 월요일에 머리가 지끈거리지요. 약속한 날이 목요일이면 목요일에 두통이 생기게 됩니다.

만일 '눈이 안 보여. 귀가 안 들려. 마비됐어.' 라고 생각하면 실제로 눈이 안 보이고 귀가 안 들리고 마비가 됩니다. 모든 청각 장애, 시각 장애 혹은 마비 환자들이 그렇게 생각해서 질병을 갖게 된 건 아니지만, 속으로 이런 생각을 품고 있어 실제로 병을 갖게 된 경우가 많습니다. 마비 증세가 있었던 한 여성의 예를 들어보지요. 제가 파리에 있을 때 사람들이 그녀를 진료소 1층으로 데려왔습니다. 몸의 오른쪽 부분을 조금도 움직이지 못했습니다. 만나고 나서 얼마 지나지 않아, 그녀는 자리에서 일어나 마비되었던 오른팔과 오른쪽 다리를 움직이며 걸었습니다. 사람들은 기적이라고 생각했습니다. 하지만 기적이 아니라 쉽게 설명할 수 있는 것입니다. 그녀는 뇌졸중이었고 뒤에 응혈이 찼던 것입니다.

당시 마비 증세는 응혈이 줄어들면서 점차 사라졌습니다. 그러나 이 여성은 항상 스스로 '나는 마비되었다.'라고 생각했기 때문에 마비 상태가 계속 유지되었던 것입니다. 저는 원하는 대로 움직일 수 있다고 그녀를 설득했고 그녀는 움직일 수 있게 되었습니다. 이렇게 우리 마음속에 있는 모든 생각은 가능한 범주 내에서 현실이 됩니다.

이처럼 인간의 특성 중에서 으뜸은 의지력이 아니라 상상입니다. 반복해서 말합니다. 바로 이 점이 제 이론과 다른 이론의 차이점이며 이로 인해 저는 다른 요법들이 실패를 본 곳에서 오히려 좋은 결과를 얻을 수 있었습니다.

의지력과 상상이 충돌을 일으킬 때마다 상상은 언제나 우위를 차지합니다. 예외는 없습니다. 상상은 의지와 갈등을 겪을 때 의지를 꺾고 우위를 차지합니다. 상상하는 것은 인간이 지니는 첫째 자질이며 둘째가 아닙니다.

그렇기 때문에 상상, 즉 무의식이 우리를 관리하고 어떻게 조정하는지 안다면 우리 스스로를 다루는 법을 알게 됩니다. 따라서 우리는 무의식을 다루는 법을 배우고, 이를 통해 스스로를 다루는 법을 알아야 합니다.

대개 농사짓는 사람은 농사를 잘 거두기 위해서 땅을 경작할 때 사전에 주의해야 합니다. 그러지 않으면 씨가 잘 자라지 않을 거란 사실을 알고 있기 때문입니다. 저도 사람들을 대할 때 이처럼 합니다.

저를 찾아온 사람들을 볼 때마다 경작되지 않은 땅이라고 생각합니다. 그래서 설명과 실험을 통해 사람들을 일구어나갑니다. 잘 경작하며 씨를 심습니다. 그러고 나면 싹이 자랍니다. 저는 사람들과 대화를 나누며 싹을 키웁니다.

하지만 모든 분들과 일일이 상담을 나누지는 못하기 때문에 이처럼 책을 통해 조언을 드리는 것입니다.

살아 있는 한, 매일 아침 자리에서 일어나기 전과 매일 밤 잠자리에 들었을 때 눈을 감고 소리 내어 스무 번씩 반복하세요.

"나는 모든 면에서 날마다 점점 더 나아지고 있다."

특정한 암시를 거는 것은 소용이 없습니다. '모든 면에서' 라는 말 속에 모든 암시가 포함되어 있습니다. 자기암시에 집중하면서 해야 합니다.

기도를 드릴 때처럼 단조롭게, 노력하지 않고 말합니다.

"나는 모든 면에서 날마다 점점 더 나아지고 있다."

무의식은 자동적으로 "나는 모든 면에서 날마다 점점 더 나아지고 있다."라는 구절을 귀로 듣고 받아들입니다.

우리는 지금까지 마음에 생각을 담으면 이 생각은 현실이 된다는 것을 알게 되었습니다. 이제 "나는 모든 면에서 날마다 점점 더 나아지고 있다."라고 생각하면 여러분은 날마다 모든 면에서 더 나아질 것입니다.

마지막으로 이런 습관을 가지면 어떤 결과가 오는지 몇 개의 편지들을 예로 들겠습니다.

쿠에 선생님께

1920년에 사고를 당한 저는 뇌진탕에 걸려 몸이 마비되었습니다. 전문의 상담을 받았지만 어떤 치료 방법도 효과를 보지 못했습니다.

열린 마음을 갖고 환자들을 대하던 그 의사는 저를 시골 요양원으로 보냈습니다.

6개월 후 저는 1시간에 겨우 900m밖에 못 걸었습니다. 정신 상태 역시 좋지 않았습니다. 그러다가 선생님의 업적에 대한 보고서를 읽고 자기암시법을 행하게 되었습니다. 읽은 대로 따라하고서 얼마 되지 않아 놀랍게 좋아졌습니다. 이제는 15km도 걸을 수 있습니다.

어떤 여성이 보낸 다른 편지입니다.

암송하는 구절처럼 저는 꾸준히 나아지고 있습니다. 제 건강이 많이 좋아진 걸 본 많은 사람들이 자기암시를 믿게 되었습니다. 사람들은 저를 알아보기 힘들다고 합니다. 저는 예전과는 정말 다릅니다. 많이 좋아졌어요. 이렇게 건강하다고 얼마 만에 느껴보는지 모르겠어요.

마지막 편지입니다.

쿠에 선생님께
낭시에서 7월 강의에 참석했을 때보다 많이 좋아진 것을 알려드리면 선생님께서 좋아하실 거라 생각합니다. 10년간 하루도 빠짐없이 아팠던 사람이라고 하면 기억하시겠지요. 낭시에서 일주일을 머물고 나서 통증이 가셨고 이제 더 이상 아프지 않습니다.

여러분, 아시겠습니까? 매일 아침과 밤에 자기암시를 하면 모든 면에서 좋아집니다. 자기암시는 맡은 일을 할 때도 강하고 엄청난 힘을 발휘하게 합니다. 자신감을 갖게 된 당신은 성공할 것입니다. 제 조언으로 모두가 효과를 보기 바랍니다.

Day by day, in every way, I am getting better and better.

긍정적인 자기암시가
우리 몸과 마음을 어떻게 변화시키는가

에밀 쿠에 자기암시

개정1쇄 인쇄 2018년 5월 25일
개정3쇄 발행 2024년 2월 25일

지은이   에밀 쿠에
옮긴이   윤지영
발행인   권윤삼
발행처   도서출판 연암사

등록번호   제10-2339호
등록일자   1996년 3월 25일
주소   서울시 마포구 월드컵로 165-4
대표전화   02-3142-7594
팩스   02-3142-9784

책값은 뒤표지에 있습니다.
ISBN 979-11-5558-035-6   03180

연암사의 책은 독자가 만듭니다. 독자 여러분들의 소중한 의견을 기다립니다.
트위터   @yeonamsa
이메일   yeonamsa@gmail.com

이 도서의 국립중앙도서관 출판시도서목록(CIP)은 서지정보유통지원시스템
홈페이지(http://seoji.nl.go.kr)와 국가자료공동목록시스템(http://www.nl.go.kr/kolisnet)에서
이용하실 수 있습니다. (CIP 제어번호 : CIP2018012589)